服务创新架构
优化新服务开发流程
Product Development for the Service Sector

[加]罗伯特·库 珀
[加]斯科特·埃迪特 ◎ 著
陈劲 于飞 方珊珊 ◎ 译

企业管理出版社

图书在版编目（CIP）数据

服务创新架构：优化新服务开发流程/（加）罗伯特·库珀，（加）斯科特·埃迪特著；陈劲，于飞，方珊珊译. —北京：企业管理出版社，2017.12
书名原文：Product Development for the Service Sector
ISBN 978-7-5164-1636-5

Ⅰ.①服… Ⅱ.①罗… ②斯… ③陈… ④于… ⑤方… Ⅲ.①服务业—企业管理 Ⅳ.①F719.1

中国版本图书馆CIP数据核字（2017）第295933号

"This edition published by arrangement with Basic Books, an imprint of Perseus Books, LLC, a subsidiary of Hachette Book Group, Inc., New York, New York, USA. All rights reserved." Product Development for the Service Sector was written by Robert G. Cooper and Scott J. Edgett.

北京市版权局著作权合同登记号：01-2017-1518

书　　　名：	服务创新架构：优化新服务开发流程
作　　　者：	（加）罗伯特·库珀　（加）斯科特·埃迪特
译　　　者：	陈劲　于飞　方珊珊
责任编辑：	蒋舒娟
书　　　号：	ISBN 978-7-5164-1636-5
出版发行：	企业管理出版社
地　　　址：	北京市海淀区紫竹院南路17号　邮编：100048
网　　　址：	http://www.emph.cn
电　　　话：	编辑部（010）68701661　发行部（010）68701816
电子信箱：	26814134@qq.com
印　　　刷：	香河闻泰印刷包装有限公司
经　　　销：	新华书店
规　　　格：	170毫米×240毫米　16开本　16印张　160千字
版　　　次：	2017年12月第1版　2017年12月第1次印刷
定　　　价：	59.00元

版权所有　翻印必究·印装有误　负责调换

译者序

创新已经成为现今所有行业的口号，而创新战略的研究也受到越来越多管理学专家和学者的重视。然而，什么是创新战略？它包括哪些内容？它有什么作用？大多数的管理人员还是一头雾水，或者怀疑是否值得投入相应的人力和物力。

罗伯特·库珀和斯科特·埃迪特在本套丛书中和我们分享了创新战略的一系列关键作用，包括将创新工作与企业的整体经营相连接，明确战略领域和创意的搜集工作，以及帮助企业获得制胜的新产品。只有当管理人员们充分意识到了战略在创新中的关键作用，才会愿意花时间制订具体的目标和战略。俗话说"磨刀不误砍柴工"，在经济发展愈发迅速、商品更替更为快速的现代商业社会，企业也愈发着眼于成果和可预见的盈利，却常常忽略了带来成果和盈利的"蓝图"。

不仅如此，本套丛书也给出了制订"蓝图"的具体步骤，告诉一头雾水的管理者们如何进行战略分析。我认为，其中很值得管理者借鉴的也是非常关键的一点是认清自身的核心竞争力并加以利用。创新的洪流有时会让企业迷失方向，去盲目跟随市场中的"香饽饽"，却没有充分判断这个"香饽饽"是否和企业的核心竞争力相符。所谓"知己知彼，百战不殆"，若企业无法认清自身的优势和短处，就无法利用自身的优势和资源取得产品和竞争的优势，长期而言，企业便很难在竞争激烈的商场中脱颖而出，更不用说取得长久的成功了。

本套丛书的另一个特色是它包含了涉及多个行业的实际案例，清楚阐述了管理者们所需掌握的要点和步骤。这些具体的案例帮助管理者们思考，为什么宝洁公司的创意钻石模型能够推动它持续获得成功，为什么芭比娃娃和乐高选择了截然不同的道路，哪些企业在面临严重的威胁时将其变成了巨大的商机，又有哪些企业缺乏外围视觉，从而对即将到来的挑战坐以待毙。这些活生生的例子不断敲打着每一个希望获得成功的管理者：不要舒适地待在已经搭好的安乐窝里，商业创新"逆水行舟，不进则退"。

作为一名创新管理学者，我强烈推荐各行各业的管理者们阅读本套丛书的内容。我相信，其中关于创新战略的研究和实际的案例可以激发管理者们的深度思考，并为经营中的企业带来新的创意和灵感。

陈 劲

清华大学技术创新研究中心主任

目 录

第一章 赌注之高前所未有 ················· 1

 动荡的时代：快速变化的商业环境 ············· 4

 服务开发：具有竞争性的武器 ··············· 7

 "服务"意味着什么 ··················· 15

 企业可以在服务开发上获胜 ··············· 21

 一些定义 ······················ 23

第二章 成功的关键驱动力：影响流程的因素 ········· 25

 绩效的基石 ····················· 26

 世界级流程的组成部分 ················· 29

 过关/淘汰决策：将合适的资源集中在合适的项目上 ····· 40

 灵活性：在速度和执行质量之间寻求平衡 ·········· 42

 总　结 ······················· 43

 对企业自身环境进行评价 ················ 44

第三章 成功的关键步骤：影响项目的因素 ········· **47**
    在项目进入开发阶段前，开展充分的前期工作 ········· 48
    采用有力的市场导向，在项目的各个方面融入
    客户反馈 ··· 52
    组建高质量的跨部门团队 ······························· 54
    采用快速的平行加工法，缩短周期 ···················· 57
    从有利位置进攻，利用核心竞争力 ···················· 58
    寻求独特的、优质的服务 ······························· 60
    寻求服务和市场的契合 ·································· 64
    用一流的专业知识提供顶级的服务 ···················· 65
    要记得坚守到最后一场比赛：一项高质量的发布工作··· 66
    总　　结 ··· 69

第四章 制订新服务开发流程 ································· **71**
    门径流程 ··· 73
    企业应彻底改变新服务的开发流程 ···················· 76
    门径流程的结构 ··· 77
    制胜的战术：门径管理 ·································· 81
    哪些项目会通过门径流程 ······························· 91
    在流程中加入成功的因素 ······························· 93
    向世界级的流程迈进 ···································· 96
    总　　结 ··· 98

第五章　如何获得成功的产品：从创意到发布的详细流程 …… **99**

- 门径流程 …… 100
- 参与者 …… 123
- 设计入口 …… 128
- 门径标准的类型 …… 132
- 发挥入口的作用 …… 136
- 外包的项目和联盟 …… 141
- 平台：一个操作基地 …… 144
- 总　结 …… 150

第六章　问题和挑战：创新流程中的新方法 …… **151**

- 主题1：电子商务对企业开发流程的影响 …… 152
- 主题2：超越门径流程——第三代门径流程 …… 161
- 主题3：缩短周期 …… 166
- 主题4：指标，企业做得怎么样 …… 175
- 取得成功的新服务 …… 181

第七章　组合管理：不只是项目选择 …… **183**

- 组合管理的定义 …… 184
- 组合管理为何如此重要 …… 186
- 组合管理的三个目标 …… 188
- 迈向综合的组合管理流程 …… 215
- 总结：组合管理流程 …… 223

第八章　定义、设计和应用企业的新流程……………………**225**
　　步骤1：奠定基础——明确流程要求 ………………　227
　　步骤2：设计新服务开发流程中的关键活动 …………　233
　　步骤3：流程的应用 ……………………………………　239
　　在新服务上取得成功……………………………………　247

第 一 章

赌注之高前所未有

The Stakes Have Never Been Higher

在现今的商业竞争环境中，一个服务性机构有两个选择：要么成功地开发出新产品，要么走向失败。

越来越多的高级管理人员得出了上述结论，但是他们也别无选择。国内外不断增长的竞争、持续变化的监管环境、不断加快的技术进步及不断变化的消费者需求，这些都促使企业不断地设计新的服务产品，以便在市场竞争中保持领先地位。赌注之高是前所未有的。

面对这种新环境，一些企业，例如美国运通（American Express）、美国电话电报公司（AT&T）、联邦快递（Federal Express）都曾经成功地开发出新产品。然而，让人担忧的是，更多的企业还没有成功想出应对新环境的对策，不知道如何在持续变化的市场中开发出足够好的或者足够快的新产品。新产品成功率的平均值仅为59%，可证实这一点。该数据显示，在企业无法承受收入降低或者提供竞争优势时，大量的资源被浪费。

与此同时，新的竞争对手正加速开发研制新产品并将其推入市场，这迫使现有的企业迎头追赶。要在这样竞争激烈的、复杂的环境中脱颖而出，服务型公司不但需要持续地为其变化的市场开发新产品，还需要开发出非常成功的产品，即消费者愿意付钱购买的产品，同时，企业需要在最短的时间内将其开发出来。

在进一步讨论之前，我们先关注下面描述的情况。在这位新任高管面临的问题中，哪个问题让你觉得似曾相识？

案例：在某家大型通信企业中，零售部门身处困境。在过去的18个月中，市场上出现了大量成功的、新的服务，这严重侵蚀了该企业所占的市场份额。为此，该企业推出一系列新服务，但是大部分新服务市场效果不佳。新任高管必须面对如何解决产品开发的问题。

经过调查，这位高管发现许多令人担忧的问题。首先，企业战略要求企业强势增长，但是现有的产品线已经成熟，企业无法将其总体目标施行到产品开发上。其次，服务开发和创新人员意志消沉。他们意识到他们没有得到管理层期望的结果，但是认为这不是自身的问题，因为多年来，管理层没有对服务开发投入充足的资金，所提供的资金少于行业标准的一半。再次，企业缺乏处理新项目的明确流程。每个新创意都以不同的方式被对待，而每项新服务的开发者需要重新为项目设计流程。最后，产品推出到上市的时间过长。过去一年新服务上市的时间表明，该企业的新服务上市的最好名次是第四名，大多数情况下则是最后一个。

这位高管意识到这个业务部门处于严重困境中。企业缺乏战略和开发流程，这给企业带来了不佳的绩效。这位高管会如何应对呢？之后，我们会解释她采取了哪些行动来应对下列描述的问题。我们也会讨论，有哪些因素将那些在新的服务产品上获得成功的企业和失败的企业区分开来。

管理层需要沉思的要点

如果你的企业也存在上述通信企业的问题，那么这本书可以帮助企业扭转情势。企业仔细研究自身的产品开发工作是如何管理的。诚实地回答下列问题，评估企业是否能够得到想要的结果：

- 企业在服务开发上的成功率怎么样？
- 企业对这个数字满意吗？
- 企业是否足够快速地进入市场？
- 相比企业在新服务开发上所投入的资金，企业是否得到了相应的产出结果？
- 企业是否觉得竞争对手在服务开发上优于自身？
- 企业是否相信自己在新服务开发的整体领域能够做得更好？

如果你对上述问题的答案感到不安，那么请继续读下去。我们会逐步表明，成功的企业是如何开发新服务并且获得最佳结果的。

‖ 动荡的时代：快速变化的商业环境

毫无疑问，快速变化的商业环境为市场带来了巨大的动荡。的确，一些人可能会说，过去十年的变化节奏只是未来十年剧变的一次热身。这样的环境给管理人员带来不断增长的压力，他们需要调整已验证过的市场操作，使其适合新环境。这些环境在经济上的巨大的影响力就像其在全球范围的重要性一样，同时，它们可被分为四个主要类别：管理规则、技术、消费者和竞争环境。

管理规则：法律变更和解除管制已经去除了很多传统的障碍，企业可以更自由地进入一系列业务领域中，市场也开始面临进一步的竞争。例如，在一个接一个的国家中，传统金融服务市场的支柱正在瓦解。在20世纪80年代末期，英国改变了两项关键立法，这使金融机构可以在各个领域内展开竞争。这一改变使相关行业至今仍在承受它所带来的影响。美国和加拿大也逐渐采用了类似的方法。它带来的结果是，那些原本因为法律而无法进入市场的企业得以提供一系列新的服务。例如，随着其他类型的金融机构开始向消费者直接推销保险相关的产品，保险行业面临着激烈的进攻。类似的自由竞争的机会也在其他服务行业中出现，例如航空业、公共事业和通信行业。

尽管这些改变的长期影响难以预知，但大部分观察者认为影响是深远的。如果企业对管理规则改变所带来的影响力有所怀疑的话，可以回顾过去五年的电信战争以及它对行业参与者的影响。

解除管制所带来的实际结果就是在各个行业范围内解除原有的一些操作限制，由此扩大了市场范围。对很多企业来说，这样的改变是一次绝佳的成长机遇；而对其余一些企业来说，解除管制则意味着市场份额的降低和营业利润的缩减。

技术：在科技时代，技术比其他因素更深入地影响了公司运作的各个方面，包括新服务的开发。技术改变的步伐预计会持续下去，并且为那些乐意采用它们的企业创造出大量的、原本不存在的机会。金融行业就是一个最好的例子，它显示了技术是如何推动新服务的开发，如嘉信理财（Charles Schwab）采取了一些积极主动的行动，把电子商务介绍给无现金社会群体（美国、加拿大、英国都在尝试电子现金）。一个更简单的产品创新是加拿大帝国商业银行（Canadian Imperial Bank of Commerce）和加拿大邮政（Canada Post）所尝试的合资企业，用自动取款机售卖邮票。事实上，技术变革为所有行业带来了威胁，因为它将全新的竞争对手引入了市场，例如，微软公司（Microsoft）有可能通过网络进入银行业。

消费者：因为获取信息的途径不断增加，所以消费者变得越来越精明，要求也越来越高。现在，要求提高服务质量的呼声越来越高。不断增长的财富、老龄化社会、更高的工资和教育水平，以及更适应技术的年轻一代群体，这些因素为企业带来了更大的压力，要求他们采取相应措施，提高服务质量。

竞争环境：所有的这些市场环境都和市场的竞争休戚相关。随着国内外竞争压力的持续增长，那些最擅长应对并预测规则、技术和消费者需求变化的企业最有可能存留下来，取得成功。不幸的是，很多成熟行业的企业只能通过从竞争对手中抢夺市场份额来获得增长。这意味着那些能够快速应对主要变化的企业，即在竞争对手之前提供有效产品的企业，才能在市场竞争中获得更有利的位置。这是一场战争，不是胜利就是失败。例如，在美国，沃尔玛（Wal-Mart）所获得的新增销售额就是本地其他零售商失去的。哈德逊湾公司（Hudson's Bay Company）击败了它的主要竞争对手，即曾一度盛行的加拿大凯马特公司（K mart Canada）。因为凯马特公司未能在竞争激烈的市场环境中做出快速反应，所以失去了它在加拿大的市场份额。

案例：对银行服务而言，消费者不断地要求他们想要的服务方式。例如，银行ATM花了一些时间才满足消费者的需要，相比而言，储蓄卡则很快就流行起来。这导致新服务不断涌现出来。当然，更多的服务意味着更多的选择和更低的消费者忠诚度。如果消费者相信他们现在所使用的银行无法提供他们所需的服务种类，他们很快就会选择别的机构。这使新服务的客户维系变得愈发困难。

管理层需要沉思的要点

思索那些企业中正在发生的改变：

- 企业是怎样处理这些改变的？
- 企业是否处于被动处理中？其开发项目小组是否需要不断地努力开发和推出新服务，才能赶上竞争对手？
- 企业是否为行业的领导者，为其他的企业的设定步调？

‖ 服务开发：具有竞争性的武器

很久以前，传统的制造企业就已经意识到，企业需要将有效的产品开发作为有竞争力的武器。一些企业，如宝洁（Proctor & Gamble）、3M、康宁公司（Corning）、杜邦（DuPont）、罗门哈斯公司（Rohm and Haas）、柯达（Kodak）已经拥有了非常严密的产品开发流程。但是，服务部门对此反应缓慢。目前，越来越多的公司开始着手服务的开发并将其作为应对激烈的市场竞争的武器。Sprint、维萨（Visa）、Telenor、宾夕法尼亚能源公司（PECO）、万豪酒店（Marriott）等企业都建立了内部流程，采用系统化的方式有效地开发并发布新的服务。这些企业以及其他企业所采用的方式会在后面详细讨论。

新服务：增长的关键组成部分

新服务开发对于企业达成增长目标有重要的意义。对大多数企业而言，战略计划的中心目标是利润的增长和股东利益的增加。但是，利润增长只有两个来源，降低成本或增加收入。企业遇到的问题是，企业已经变得至精至简，因此，如果企业想通过削减成本增加利润，机会已然不大。

与此同时，很多服务性企业进入成熟的市场，原有的企业想要增加市场份额来提高收入也是枉然。尽管如此，高级管理层仍然要求企业达到激进的增长目标。企业要怎么做呢？企业需要开发新服务，这些服务可以帮助企业增加市场份额或者进攻新的市场，成为企业主要推动力。

好的消息：在有形产品行业中，新产品的绩效规范是为人熟知的。虽然服务部门与其不同，它们更难得到可靠数据，但是我们得到的数据仍有力地支持了这一结论，即新推出的服务对企业的销售额和利润有重要的贡献。

• 根据美国产品开发管理协会（PDMA）发布的一项研究，服务型企业24.1%的收入来自最近五年新推出的服务。另外，21.7%的企业的收入来自新服务。

• 根据PDMA的这项研究，在新推出的服务中，58.1%取得了成功。

• 根据另一项金融机构的研究，在过去两年内新推出的服务占企业收入的10%。

• 在美国和加拿大的金融机构中，新推出服务的成功率约为57%，但不同的部门有不同的比例（见图1.1）

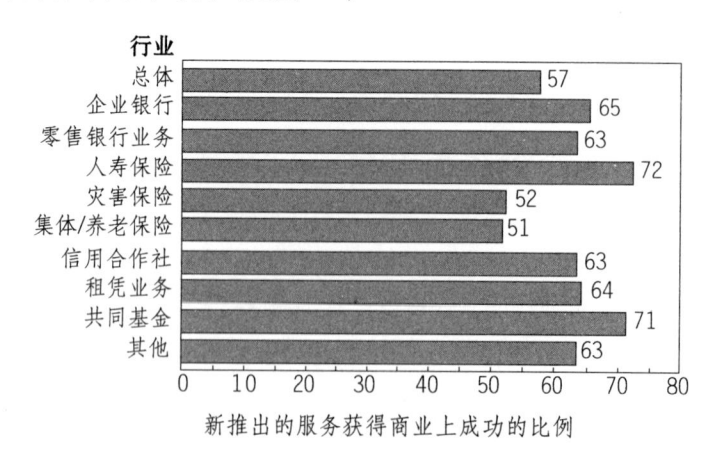

行业	新推出的服务获得商业上成功的比例
总体	57
企业银行	65
零售银行业务	63
人寿保险	72
灾害保险	52
集体/养老保险	51
信用合作社	63
租凭业务	64
共同基金	71
其他	63

图1.1 各个行业的新服务产品的成功率

除此之外，一些难以计量的利益也与新服务的成功开发有关，例如：
- 企业声誉的提高。
- 现有消费者忠诚度的提高。
- 现有服务的交叉销售变得更容易。
- 关于未来的新服务开发，企业的内部知识得到进一步提高。
- 用现有的服务吸引新的消费者的能力。

由此我们可以看出，新服务对于企业的成功至关重要。除非企业有成功的服务创新项目，否则预定的目标很难实现。当然，服务创新方面的成功率仍有很大的提升空间。

坏的消息：尽管上述的数据表面上看起来很鼓舞人，但总体结果恰恰相反。58.1%的成功率的反面即是41.9%的失败率。换句话说，新推出的十项服务中，有四项被市场淘汰，这意味着用于这些服务开发和上市的资源被浪费了。对企业来说，没有哪个部门愿意承担此种程度的失败率。

如果说成功的新服务可以带来非货币性的利益，那么失败也会引起非货币性的损失，收益的反面就是损失，失败可能带来的损失如下：
- 损害了企业的品牌形象。
- 失去消费者的信任和青睐。
- 交叉销售其他的服务变得更加困难。
- 因为资源都用来开发服务或试图去挽救陷入困境的产品，企业会失去其他机会。

案例：即便是那些著名的、常常取得成功的企业也遇到过难题。例如，麦当劳公司长期以来一直被认为是快速食品行业的领头羊，销售额超过110亿美元。在20世纪90年代早期，麦当劳投资了数百万美元尝试开发新菜单。对此，消费者并不买账。结果是，一系列产品在市场上彻底失败了。看看麦当劳下面的尝试。

- 胡萝卜条：现在只在一些美国的麦当劳餐厅选择性供应。
- 炸鸡（不是麦乐鸡）：只在亚洲销售；美国已经不再供应。
- 意大利面食：意大利面和千层面都曾尝试过，在美国都已不再供应。
- 墨西哥烤肉：没有取得成功；在美国只有几个麦当劳餐厅供应。
- 比萨：美国市场已不销售，但仍在加拿大销售。
- 豪华瘦身汉堡（Mclean Deluxe）：1991年推出的一款低脂肪的三明治，1996年从菜单中删除。
- 招牌汉堡（Arch Deluxe）：1998年从菜单中删除。

管理层需要沉思的要点

你的企业是否擅长开发新服务？企业是否跟踪记录新服务的成功和失败？令人惊讶的是，很多企业无法提供可靠的信息来说明它们在成功和失败的产品上分别投入了多少，以及它们的失败率。为此，企业可以尝试收集过去四年的数据，这可为企业提供良好的基准以便与将来的结果做比较。

一些关键的数据可能包括以下内容：

- 投放市场时的成功率和失败率。
- 被分配到不同种类的项目的资源比例，包括成功的项目和失败的项目。
- 新服务对于企业收入和利润的贡献额。

"新"意味着什么

如果我们想要明确开发和推出新服务的更好的方法，我们需要清楚地明白"新"意味着什么。乍一看，"新代表什么"是一个简单的问题，但它却在很多服务机构中引发了争论。

在服务业中，真正的、世界性的新服务是十分罕见的，这一论点可能是成立的。很多人会认为，大部分的新服务都是现有服务的不同版本，或者是模仿竞争对手的产品。例如，美国利宝互助保险集团（Mutual Insurance Group）在经过一次长时间的内部讨论后得出，"新"对他们意味着，在消费者的眼中这项产品代表了一次改变，即这项改变对消费者有影响。利宝公司也意识到了"新"有不同的程度。PECO也采用了类似的定义。

其他一些企业发现它们正在讨论自身是否拥有新服务。"服务"一词本身就有一些问题——它常常意味着为消费者提供服务或产品。一个解决方法是使用"项目"一词，它使开发流程被看作是一项需要开发和管理的项目，并且该项目对消费者有影响。注意这不包括那些本质上涉及基础设施和操作的项目。

为了帮助明确"新"一词的含义，人们提出了以下定义。注意，从内部和外部的角度来看，不同种类的"新"项目拥有不同种类的开发需要和风险。需谨记的是，"新"可能对企业来说是新的，例如一个新的收入来源，"新"也可能是针对市场而言的，或者对于两者都是新的。

世界性的新服务：这些服务是从未在市场上出现过的，它们往往也是某种形式的重要创新。可以想象，这一类别的创新是最罕见的，也是风险最高的。其中的一些例子包括首次出现的电视广播服务、企业财务的利率互换、首次出现的互联网服务、第一台自动取款机，以及首个激光眼科诊所。

新的服务线：此类型的服务对企业来说是新的，但是对市场来说不是新的。它仍然包含较高的风险，因为它对企业来说是一次新的尝试。新的服务线可以包括新的商业投资、合作伙伴或者合资企业。例如，某家连锁酒店新开设了面向低收入消费者或者旅游市场的酒店（例如万豪庭院酒店）；IBM扩展到互联网服务；美国汽车协会（AAA）和PNC银行的合作；银行通过开发它们自身的保险产品（例如加拿大帝国商业银行）或者收购现有的保险公司（例如劳埃德银行Lloyds Bank收购艾比人寿Abbey Life）来进入保险行业。

对现有服务线的补充：那些对企业来说是新的，但是可以纳入其现有的生产线的服务是最常见的"新"服务，而且一般来说，此类服务所包含的风险比上述两种情况都要小。例如，新的航空线路、对目前的电话服务套餐所增添的呼叫等待或来电显示业务，或者肯德基的一个"新的"鸡肉套餐。

对现有服务线的改进：这一类别的"新"服务实际上是对现有服务的一项替代或升级。这些项目一般风险较低，主要是为了使服务与时俱进。很多时候，它们会打着"全新的改进"这样的口号。尽管这类服务通常风险较低，也无法带来很多新收入，但是企业依然需要通过它们来维持现有的收入。遗憾的是，很多企业在此类项目上花费了过多的精力，以至于无法开展其他类别的新服务。典型案例如，抵押方案的微小改变或者电话银行业务的稍许改进。虽然这里没有很多实际上的创新，但有时候，它们对消费者来说是新的，例如每月银行对账单上的新格式。

重新定位：本质上，这一类别是针对现有的服务线开拓出新的市场或消费者人群，例如远距离的电话服务。在这个例子中，企业将同一服务扩展到了新的地理范围。

缩减成本：这基本上是对服务的调整，而且消费者往往不会意识到。但是，它们还是可以为企业带来益处。这类服务的改变一般涉及操作，并且是由成本来推动的。尽管此类开发项目所包含的市场风险较低，但它们需要大量的内部资源（只要问问企业的系统研究人员，就会知道他们将多少时间用于此类别上）。例如，企业通过改变所需的消费者信息来降低交易费用，或者对于幕后操作进行改变，而此类改变对于消费者影响甚微。

大部分企业拥有以上不同种类的服务创新。它们一边将一些精力投入到开发新的收入来源，一边将另一些精力用于保卫现有的收入来源。不幸的是，一些企业在这两个类别的项目上没有达到良好的均衡：它们将太多的精力花到那些低风险的服务调整上，而这无法为企业带来足够的收入。正如一位管理人员指出的，"我明白我们有太多的低影响力的项目，可每一天企业所面临的直接压力总是需要优先考虑。我们总是欺骗自己，以后会进行其他项目的。遗憾的是，'以后'永远不会来到，因为总有其他的紧急事项出现。"一个好的项目组合意味着企业拥有适当的新服务来保卫现有的市场，与此同时，企业也会寻求新的机遇。

管理层需要沉思的要点

对企业过去四年中推出的新服务全面回顾，将其制成一张完整的列表，并根据上述的6种创新方式对其进行分类。如果可能的话，将各项新服务所涉及的费用和获得的收入也纳入其中。接着，将这些数据转化为百分比以便比较。然后，企业自问以下几个问题：

• 对于各个不同类别的新服务的分配是否合适，或者企业是否在那些低风险的、低影响力的服务类别开发上投入了过多的时间？

• 按销售额和利润划分的比例是怎样的？

• 这些比例是否体现了企业的战略？

• 企业是否有一个明确的模式来获得新的收入，或者大部分只是对原有收入的替代？

• 哪个种类的新服务带来了最佳的回报？

• 企业目前的工作是否体现了应有的时间和资金分配？

• 企业是否在"毫无意义的工作"项目上投入了过多的时间和精力？

• 企业各个类别的项目成功率如何？

很多企业都意识到，它们在短期的项目上花费了太多的时间，而这些项目无法为其开辟新的市场或带来收入。相反，很多企业就像某个项目的领导所说："我们是忙碌的傻子，我们将所有的时间都用来应付市场上的竞争，而不是集中在那些为企业带来前景的项目上。"

"服务"意味着什么

服务与有形产品不同

问任何一位服务行业的工作人员，他或她会告诉你，服务行业与宝洁公司、3M公司是不同的。他们一般还会提到，相比于开发一个有形的产品，成功地开发一项新的服务型产品会更加有难度。为什么会这样呢？是什么使得服务行业提供一项新产品比提供一个新肥皂或便利贴更有难度呢？多年来，人们确定了服务所具有的四个主要特性，并研究了这些特性对于服务开发的影响。接下来，我们详细地讨论其中的各个特性以及它们对服务开发的影响。

无形性：服务没有物质形态，这与产品不同。这意味着，消费者在购买服务以前无法看到它们，购买以后也无法将其带回家。这使得购买服务的决定比购买有形产品的决定更为复杂。在消费者付钱以前，他们很难断定该服务的品质是否优良或者它是否有增强的特性。

消费者无法看见或感触到服务，提供服务的人也同样如此。在初始资本要求较低的环境中，产品的设计、测试和开发可能变得十分随意，因为没有可以进行市场测试的实物原型，而且在市场测试或概念测试的阶段，人们会更依赖定性研究，而不是定量研究。这一切意味着新服务从创意到发布的时间可能很短，同时也意味着市场上会有很多构思拙劣的新服务。

企业常常要加速其服务开发流程，因为竞争对手很容易复制它们的服务产品。大多数的服务无法申请专利，因此竞争对手会很快地开发并推出新的服务，速度之快让消费者和操作人员都感到眩晕。这可能导致信息超负荷，也压抑了创意生成的两个重要来源———一线员工和消费者。

尽管企业开发新服务的成本比有形产品低，但将其投入市场的成本和风险却很高，因为消费者在购买之前无法评估所购买的服务。企业需要详细地规划这一缓慢的普及过程，并谨慎地加快普及速度。针对较慢的市场普及率，企业可以采取的应对方法是在服务设计中加入有形的特征，例如采用促销策略中的价格折扣，或者将消费者以往的经历与新服务结合起来。

另外一个加速市场普及率的方法是将新服务与企业的声誉和形象联系起来。但是，这同时也会影响到企业设定的新服务开发目标。在这样的情况下，开发人员需要确定新服务可以维持企业的形象。这也是服务开发与非服务性的新产品所不同的一个方面，因为对于消费者来说，产品分销系统中的人员数量使得产品和生产商的联系变得几乎不可能。

服务的无形性也影响了企业衡量新服务开发绩效的方式。很多企业声称，它们用销售量、销售额增长、新的客户和市场份额来衡量成功，而不是简单地用利润来衡量。在某些情况下，企业没有预期一些新服务会带来利润。相反地，这些服务作为交叉销售的一种方式或者捆绑销售，是用来增加现有服务的销售数量。

不可分割性：实际上，企业提供服务与消费者使用服务是无法分割的。因此，相比于生产有形产品的企业，服务型企业的组织结构更大程度上影响了它的开发流程。新服务开发是相互作用的过程，它涉及企业的各个部门，各个部门都为最终提供的产品贡献了自身的力量。

在开发流程中，运营部门的员工们被认为是特别重要的，因为他们在服务的生产与提供上发挥了关键作用。这也是为什么与产品型企业相比，服务型企业在制订的发布战略中，交付系统被认为是特别重要的。简短的销售渠道意味着员工所提供服务的质量会直接影响到消费者对于服务的评价。与有形产品相比，开发流程中的售后阶段也更加难以评估。同时，鉴于新产品和其他已经提供的产品相互混合，确定成本以及成本分配这一流程可能变得困难重重。

差异性：一旦有形产品进入市场，在纽约和威斯康星的消费者就会买到同样的物品，这在大多数情况下被认为是理所当然的。因此，有形产品被认为是同质的，即不管在任何地方，它们都是相同的。但是，服务是有差异性的（没有两个人会用完全相同的方式来提供服务）。因此，服务的标准化就成了一个问题，进而，服务的质量管理也成为成功推出服务的关键要素，由此我们可以理解麦当劳对于一线培训的重视程度。

差异性所带来的优势是，服务开发的流程比有形产品拥有更多定制化的机会。企业可以开发稍有差异的服务，或者针对消费者的需要量身定制。这也为企业提供了潜在的、独特的销售优势，帮助它超越竞争对手。这一优势在高度创新的服务型企业中体现得尤为显著。企业要推出一项服务，其中至关重要的部分是交付系统，它需要达到一定程度的标准化，同时也需要一定水平的定制化。

正如无形性一样，差异性也为概念测试带来了难题。对于每一次提供的服务，它的质量都受到交付系统和相关人员的影响。要克服测试中的差异性，企业需要全面监管和控制程序。然而，这样的结果无法正确地体现出实际的服务，因为在实际提供服务时所存在的效果的差异性被抹除了。

非持久性：与有形产品不同的是，服务在产生的同时也被消费了，它们无法保存下来。这会引起需求、供给与生产效率间的问题。例如，飞机起飞时，飞机上的每一个空座都意味着收入机会的消失。非持久性这一特质往往进一步促使企业用新服务去填补需求峰谷中的缺口。企业迫于压力，在淡季期间会利用其服务能力开发新产品，例如为飞行常客提供促销或特价优惠。

因为一项新服务必须要与现有服务相结合，因此，与有形产品相比，服务型企业需要为新服务制订更多的计划。服务性产品的生产缺乏灵活性，这意味着企业需要将操作、员工培训和营销更好地整合起来，建立有效的生产和交付系统，这样可以避免服务能力的浪费。在服务开发流程的设计阶段，企业需要考虑到合适的人员和机器／技术的组合，这样可以帮助抵消非持久性以及供给与消费的不可分割性所带来的问题。

总的来说，关于服务的开发流程，问题总是比答案多。但是，我们的确了解到，就开发流程而言，服务的独有特性（见图1.2）使企业无法像对待有形产品一样对待它们。一些关键的推动力将成功的新服务与失败的新服务区别开来。我们会在接下去的第二章和第三章对其做出概述。在第四章中，我们会讨论服务开发的路线图，尝试将服务的特殊性质提炼出来。

无形性：
  开发流程进展过快的风险
  开发流程随意（跳过步骤）的风险
  竞争对手容易复制新产品
  新服务扩散的风险
  太多新服务让消费者混淆的风险
  操作人员和客户信息超载的风险
  研发工作进展艰难
  进行数据化市场研究的困难
  没有一个可以进行市场测试的实物原型
  市场推广较缓慢
  新服务对企业形象的影响
  衡量成功的难度
  确认新服务开发实际成本的难度

不可分割性：
  需要更多企业内部的参与
  交付系统的重要性增强
  客户投入的程度更高
  难以分配成本

差异性：
  缺乏标准化的交付系统
  质量管理变成一个成功的要素
  需要建立一个适当的标准化水平
  概念测试十分困难
  需要更多的监管和控制程序

非持久性：
  需求/供给管理的难题
  需要部门之间更大程度的整合
  需要适当的人员和技术配比

图1.2 无形产品的特点以及它们对新服务开发的影响

定义"服务"

上文的论述主要涉及纯粹的服务，但是实际上，种类广泛的服务性产品组合使服务难以准确定义。服务行业包括零售商、餐厅、政府机关、金融组织、通信企业以及公共事业。有时候，这些不同的服务提供商使人们很难判断：它们提供的是一项服务还是一项产品。例如，IBM是服务提供商，还是生产商，或者两者都是？

上文介绍了一些纯粹的服务所拥有的独特性质，这些性质使服务与纯粹的产品区别开来。一般而言，为了将服务与有形产品区分开，学者们所采用的方法是考虑其有形的程度。一些服务，例如教育，就是纯粹的服务；而另一些产品，例如航空业，就是有形产品和无形产品的组合。我们了解服务的复杂本质后，就可以明白服务和产品可以根据一个有形到无形的区间来对其划分（见图1.3）。这一区间显示出各个行业所提供的服务和产品是如何介于有形和无形之间的。

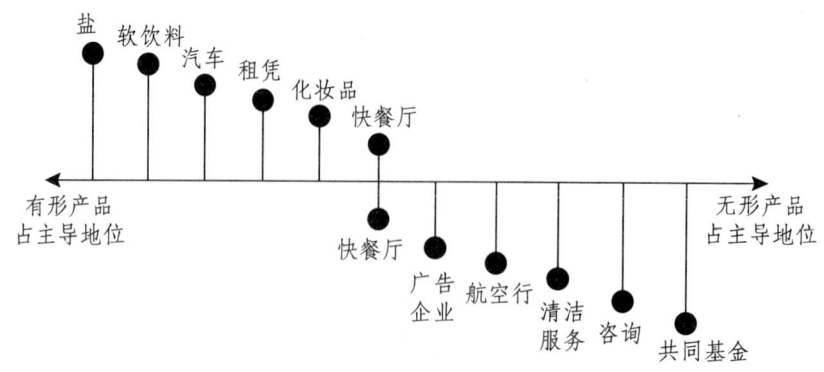

图1.3 有形到无形的区间

本书中的"服务"是一个广义的范畴，因为在现今复杂的商业环境中，纯粹的服务或纯粹的有形商品是非常少的。相反的，大多数企业提供的产品是介于有形和无形间的结合。就本书的讨论目的而言，我们所定义的服务企业是介于有形与无形间偏右侧的企业。

企业可以在服务开发上获胜

新服务的开发对于服务型企业是否能在未来存活下来是十分关键的。服务的独特性质，以及这些性质使服务的开发和投入更加具有挑战性。就改进新服务的开发流程而言，虽然还有很多方面需要进一步研究，但已有很多证据表明，一些具体的步骤可以用来规范企业的开发流程，并在如今激烈的商业竞争环境中提高其市场成功率。

一部分企业克服了困难并且在服务开发中取得了多次成功。当然，关键的问题是，你的企业是否能成为这些获胜企业中的一员？

在后续的两章中，我们会提供一些可靠的数据资料，表明企业该如何应付服务开发中的挑战，概述企业在服务开发上所采用的最佳方法，介绍采用流程的种类、项目组结构以及开发的服务类型。我们会进一步研究这些最佳方法，确定获胜的企业与失败的企业在哪些方面存在差异。通过这样的方法，我们可以确定关键的成功要素以及获胜项目所具有的一些特征。

第四章到第六章主要介绍新服务开发流程，这一流程可以帮助企业开发出成功的新产品。首先，第四章介绍公认的制胜策略，如果企业可以合理地设计并落实这一策略，它们会得到十分理想的结果。这一章还介绍了关于开发流程的附加建议和提醒，以及企业该避免的常见陷阱。其次，第五章逐步解释开发流程的各个阶段，从创意的生成到上市。最后，第六章介绍一系列影响开发流程的问题，包括电子商务、缩短周期的方法和企业使用的指标。

第七章集中讨论组合管理这一关键问题，即如何挑选合理的服务开发项目的组合，以及它和企业开发流程的相互作用。在这一章中，我们还会说明如果企业没有将资源集中在正确的项目上，即使最好的开发流程也不会起任何作用。这一章还会谈及组合管理与企业战略的关联。

最后一章会论述落实的问题，包括企业在落实新服务开发流程和组合管理上需要采取的关键步骤。

总而言之，这八章可以为企业提供一个出发点，企业可以用来改进其新服务开发的流程并提高其在市场中获胜的概率。

现状检查

在进入下一阶段之前，企业可以花一些时间评估自身的新服务开发工作。下面是一些问题，企业要如实地回答"是"或"不是"。

	是	不是
①企业是否有明确的服务开发流程？	（　）	（　）
②企业是否有有效的创意生成和获取系统？	（　）	（　）

③企业的资源，包括人员和资金，是否都进行了适当的分配，
来保证项目可以有效并及时地进展？　　　　　　（　）（　）
④企业是否有有效的项目优先级划分方法？　　　（　）（　）
⑤企业是否有明确的项目问责制？　　　　　　　（　）（　）
⑥企业文化是否鼓励服务开发计划？　　　　　　（　）（　）
⑦企业的高级管理层是否坚定地致力于开发新服务？（　）（　）
⑧企业是否对服务开发的绩效数据进行跟踪并为人熟知？（　）（　）

如果企业对于上述问题的回答都是肯定的，那么恭喜你们！企业对于开发新服务十分重视。但是，如果企业对上述问题的回答大多数是否定的，也不需要气馁。很多企业在进行严格的初次内部检查时，都在上述方面表现欠佳。第二章和第三章会讨论一些最佳的操作方法，企业可以根据这些基准与自身进行对照。

‖ 一些定义

在更进一步地详细讨论带头企业是如何开发新服务之前，我们可以先来明确一下本书中会用到的一些专有名词。

门径流程：这是企业所采用的正式流程或路线图，可以推动新的服务项目从创意到发布的进程。这一流程一般包含了多个阶段，包括不同的门径和决策点。门径流程有很多不同的版本，它也被称为新服务流程、把关过程或阶段回顾流程。这一流程还有助于企业进行有效的组合管理，因为在各个入口处，企业会对各个项目做出过关／淘汰的决策，也会对资源分

配做出决策。

组合评审：这是对所有项目的组合进行的阶段性评审。它可能是一年一次或者一年两次，甚至每季度进行一次。在这里，所有的项目，不管它是进展中的还是暂时搁置的，都会参与评审并与其他项目进行比较。这一评审常常会采用组合模型来显示当前组合的清单或图表。在组合评审中，关键的问题包括，企业正在开展的项目合理吗？企业是否拥有适当的项目组合？企业确实希望在这些项目上投入资金吗？

组合模型：组合模型是企业用来选择项目和进行组合评审的工具。它们包括评分模型、气泡图、各种不同的表格、财务模型和战略方法。

组合管理流程（PMP）：这是进行项目选择和组合管理的方法。它包括上述所有部分。

业务部门（BU或者SBU）：这是在企业中进行服务开发的最小的业务部门。通常，一个业务部门有半自主的、独立的业务，有自身的目标、战略和资源。业务部门可有自身的开发预算。对小型公司而言，业务部门可能就是整个公司。

经营战略：这是业务部门所采用的战略。它明确业务部门的目标、方向和重点领域，也与企业的整体经营战略一致。

服务开发战略：这是业务部门经营战略的一个部分（或者来自经营战略）。它明确业务部门的开发目标、方向和重点领域（例如，业务部门会将其开发工作聚焦于哪个领域）。它可能会进一步明确在各个具体的重点领域中，企业的开发资金如何做出理想的分配（例如，在特定的市场或类别上投入多少资金）。

第二章

成功的关键驱动力：影响流程的因素

Critical Drivers of Success: Process Factors

服务创新可以是较小的，例如微调或者更新已有的服务，或者它们是基于全新技术平台的重大创新，例如把手机和有线电话合并成一个系统。不管创新的性质如何，事实上，快速成功的开发新业务已经成为一项重要的商业活动。管理层所面临的难题是，开发新业务的需要比以往任何时候都要大，但企业自身却没有工具和方法将新服务推向市场。

本章主要介绍开发新业务所需的三个基石：战略、资源和流程。战略是众所周知的成功要素，它意味着将新业务开发和企业的战略、目标联系起来，包括确定业务开发的重点领域和长期的推动力，以及确保整个企业都清楚明白创新战略的含义。资源分配是另一个为人熟知的成功要素，它意味着企业拥有足够的人才和开发资金。

在这三个基石中，流程（或者更具体地说，有效地引导创新活动从创意到发布的开发流程）往往不被认为是一个关键的成功要素。但讽刺的是，在这三者当中，对企业的新服务绩效影响最大的就是流程，包括流程的性质和完成质量。本章会探讨新服务的开发流程，以及表现最佳的企业所具有的共同之处（本章会谈到战略和资源，但此后会在其他章节中进行更详细的讨论）。

‖ 绩效的基石

什么可以推动绩效增长？为什么一些公司能够不断地开发出成功的

新服务，并且比其他公司更成功？最近的一些基准研究显示，更加成功的公司确实做事情与众不同。研究显示，这些企业在业务部门（BU）层面已经掌握了三个关键的成功要素，这些要素可以推动新服务的绩效（见图2.1）。这三个推动力分别是战略、资源投入和流程。

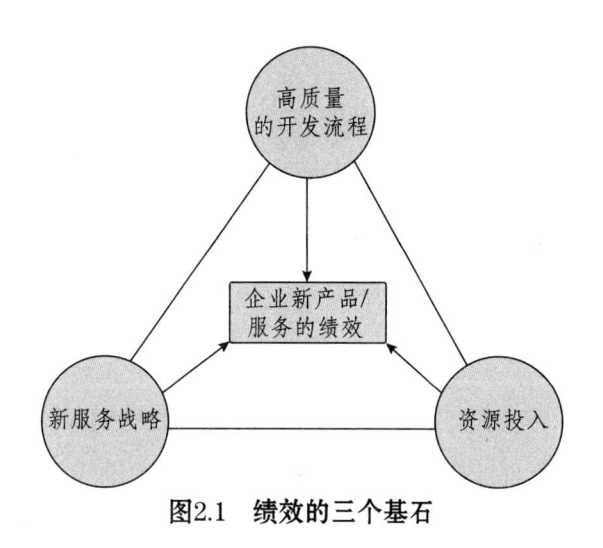

图2.1　绩效的三个基石

战略：对于业务部门来说，一个清晰的、经过良好沟通的新服务战略是至关重要的。但这意味着什么呢？它不单单意味着设定目标，以及列出实现目标所需的短期任务。在我们访问的企业中，很多企业都没有优秀的战略。是的，企业可能已经设定了目标（例如，新的业务将为企业的收入贡献15%），可是，目标本身并不能成为一项战略，它只是一个终点或者一个目的。战略意味着业务部门为实现其目标所制订的总体规划，以及这些目标将如何为公司的总体目标做出贡献。一个考虑周详的新服务战略应该包括这些内容。

• 业务部门整体新服务工作的目标，该目标必须是清晰明确的。例如，这个目标应该包括总体新业务的收入和利润。

- 关于新服务在达成公司总体目标上发挥的作用，企业要有清楚地描述。
- 明确的战略重点领域，它为总体的新服务工作提供指引，例如市场和技术。
- 有一个长期的推动力，并且在长期和短期的项目中发挥推动作用。

资源：没有足够的资源，企业几乎不可能拥有有效的新服务开发流程。资源就是企业可以用来研发的人员、时间和金钱。要合理地分配资源，企业的新服务工作应该包括三点。
- 高级管理人员支持资源的分配。
- 企业有必要的研发预算。
- 有足够的人员分配到项目上，他们也有足够的时间来完成所需的工作。

流程：如果企业没有高质量的新服务开发流程，即使拥有上述的两个基石也是无济于事的。高质量流程不是一个简单的步骤列表，而是要有效地将这些步骤落实下去，以保证项目从创意到开发都可以及时地完成。一个高质量的新服务开发流程包括以下几点。
- 强调前期（开发前）的活动。
- 在开发前有清晰的、早期的产品定义。
- 整个流程都包含了消费者反馈，并且是显而易见的。
- 项目会在艰难的决策点上进行严格的审查，如有必要，终止项目。
- 高度强调所有执行步骤的执行质量。
- 具有灵活性，因此可以根据项目的性质去除或跳过某些阶段和决策点。

上文强调了新服务绩效的驱动因素：战略、资源和流程。它们需要共同作用才能实现大多数管理者期望的最佳绩效。不幸的是，不管是在项目层面还是在决策层面，许多企业还没有确立内部的规范，以致无法达成最优业绩。若企业缺少或没有充分开发这三个基石，那么企业就无法应对面临的挑战。在后面的章节中，我们将更深入地讨论资源和策略所带来的影响。接下来，我们探讨新服务开发流程的规范以及最佳操作。

世界级流程的组成部分

要成功地开发一项新服务，企业需要有效的开发流程。许多管理者说他们需要开发新服务。然而，很多管理者们也承认他们的企业缺乏有效的服务开发流程。这种矛盾有多普遍呢？大量最佳操作的报告和调查研究都支持这一论点，即在开发流程的有效性上，许多服务型公司都落后于有形产品的行业。

管理层需要沉思的要点

考虑绩效的三个基石：战略、资源和流程。你的企业达到标准了吗？企业是否达到以下几点要求？

- 关于新服务开发，有明确的创新战略。
- 拥有满足预期的资源（人力、时间和金钱）。
- 高质量的开发流程。

如果企业对以上三点的回答有任何一项是否定的，那么也许是时候考虑该如何强固不足的基石。

流程活动	描述
①创意筛选	最初的过关/淘汰决定。过关意味着企业首次决定将资金投入到建议铁新创意中
②初步市场评估	最初对市场进行观察
③初步技术评估	对项目的技术优势和难题进行快速分析
④详细市场调研	市场调查包括合理数量的反应者,正式的设计以及一致的数据收集流程
⑤企业/财务分析	在开发前进行财务或营业分析,从而获得过关/淘汰决策
⑥服务创立/开发	带来最终产品/服务的实际设计和开发
⑦流程开发	流程设计和测试
⑧系统设计和测试	系统进行了合理的测试
⑨人员培训	所有相关人员都进行培训:准备培训资料并训练人员如何使用并销售新服务
⑩市场测试/试销	与有限的客户进行市场测试/试销,对全面上市的计划进行测试
⑪上市前营业分析	在开发之后全面上市前的财务分析
⑫全面上市	在全面商业的基础上推出该项服务:一系列可确认的市场活动
⑬上市后的评审与分析	在新服务全面推广后的审评和分析

图2.2　13项新服务开发流程的活动

世界级的流程包括从创意到发布的各项关键活动,它们会推动新的服务项目快速、有效地进入市场。图2.2列出了一系列典型的服务开发流程中的活动,以及每项活动的简要说明。图2.3显示了最佳操做报告的结果,该结果显示,总体来说,在这些开发活动上,服务业落后于制造行业。在图2.3所示的所有8项开发活动中，服务部门报告的执行率低于制造业部门。这些不足之处体现在一些关键领域上，例如创意筛选、业务分析和商业化。

和制造业企业相比，服务行业的许多公司在开发新产品方面似乎更缺乏组织性。例如，在美国产品开发管理协会的成员中，接近60%的服务机构认为自己不具有产品开发流程或流程不够正式（见图2.4）。关于英国的金融机构的研究也显示了类似的结果，其中只有不到45%的企业有开发流程的书面指导（见图2.5）。

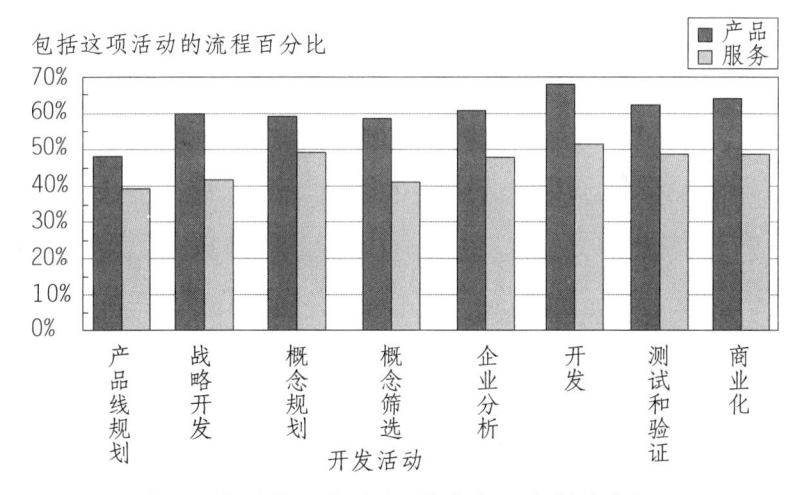

图2.3 典型的开发活动：服务部门和制造业部门

在这方面，鉴于有形商品领域的教训，一系列的研究探讨了产品/服务开发活动与发展过程自身之间的联系。这些研究已经确定，制订有力的、由市场推动的开发流程，以及彻底地执行图2.2中的8种开发活动，确实会对新的服务绩效带来积极的影响。不过这些研究也同样表明，该理论在许多企业中还未得到落实。如图2.3、图2.4和图2.5所示，许多公司根本没有制订健全的流程。

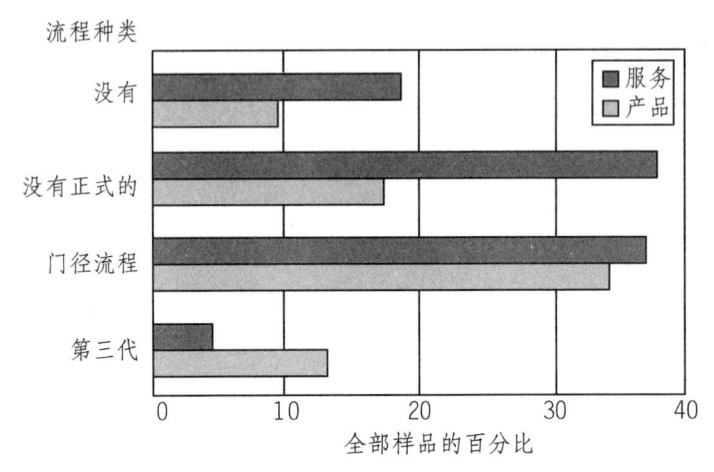

图2.4：产品开发流程的种类：服务和制造业

值得提醒的是，还没有证据显示，仅仅制订正式的开发流程就会给绩效带来影响。单单制订正式的流程和绩效结果之间几乎没有任何关联。某些公司误以为它们只需走走过场并且"重新设计"新服务的开发流程（一般相当于记录它们已经在做的事情）就能影响绩效，怕是要大失所望了。单单制订一个流程并不意味着全部，它只是一个起点。真正会影响绩效的是该流程的性质和执行的质量。这意味着流程中必须加入最佳操作，即那些反复被证明可以推动绩效的活动。

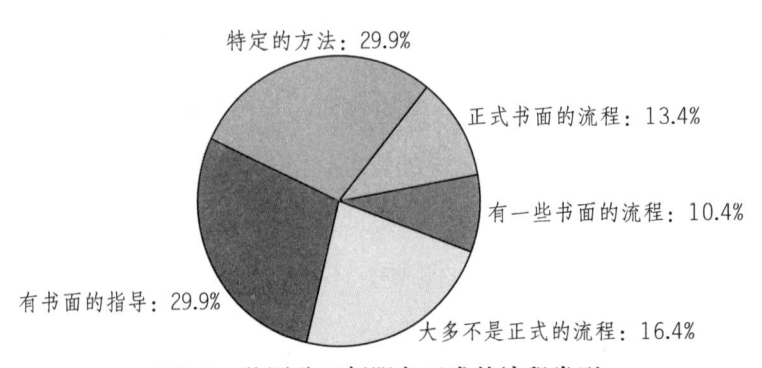

图2.5 英国公司新服务开发的流程类型

· 32 ·

全面质量管理的支持者提出了这样的观点："质量的定义是精确的，它要始终满足所有的要求。它所基于的原则是所有的工作都是一个流程。它聚焦改进业务的流程，以此消除失误"。这个概念是完全合乎逻辑的，本质上也是简单的。大部分高明的事物都是如此。同样的逻辑可以应用于开发新业务。

要处理创新中的质量问题，一个方法是将其可视化为一个流程，并运用流程管理和质量管理的方法。请注意，任何业务流程都可以进行管理并且以提高其质量作为目的。正确地处理流程的细节，企业将会得到一个优质的结果。

执行质量准则：第一遍就做好

影响成功因素的研究：在过去二十年间，我们和同事们，包括乌尔丽克·德布伦坦尼、克里斯·伊星伍德、埃尔科·克兰施米特和克里斯·斯托雷，针对新产品开发进行了一系列研究。我们深入观察企业、企业的开发流程、绩效结果以及成功的特征，研究了超过1500多个新推出的服务，以此来确定影响成功的因素。本章和第三章会谈到其中的很多发现。

对流程偷工减料会有影响

虽然大多数的人似乎都同意，开发流程应包括图2.2中列出的所有活动，但是在实践中，许多公司都发现自身存在不足。基于数百个项目的研究显示，企业在开发过程中完全省略了许多常见的开发活动。图2.6显示了项目团队开展具体活动的频率。虽然许多企业把大量的资源花费在开发新产品和服务上，但结果并不尽如人意。

• 关键的活动被忽略：在所有研究的企业中，只有不到一半的企业采用了一些常规的做法，例如详细的市场研究、市场调查、测试市场和业务分析。

• 营销是最薄弱的领域：如图2.6所示，最常省略的活动（详细的市场研究、测试营销）是营销方面的活动，而营销活动是公认的新服务开发的推动因素。

• 另一些被省略的主要活动：只有不到一半的企业开展了其中的一些重要活动，例如上市前的商业分析和上市后的评审和分析。

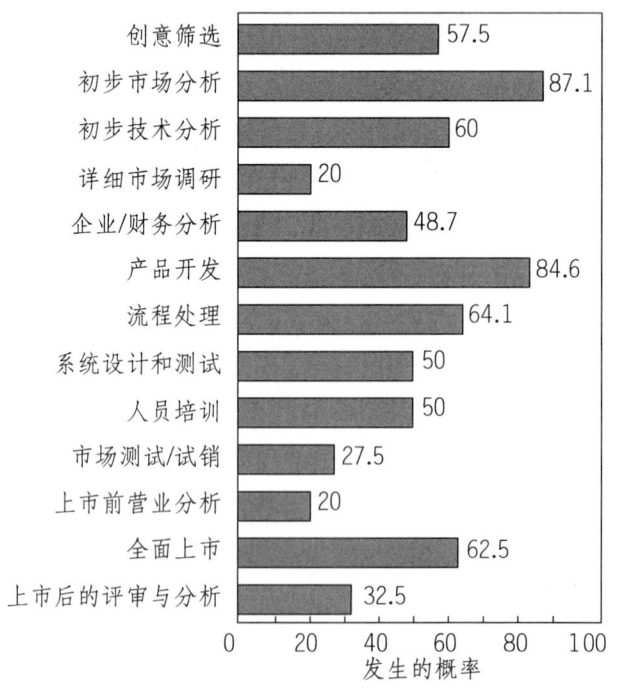

活动	发生的概率
创意筛选	57.5
初步市场分析	87.1
初步技术分析	60
详细市场调研	20
企业/财务分析	48.7
产品开发	84.6
流程处理	64.1
系统设计和测试	50
人员培训	50
市场测试/试销	27.5
上市前营业分析	20
全面上市	62.5
上市后的评审与分析	32.5

图2.6 新服务开发活动通常进行的频率

图2.6所显示的情况一点也不乐观，许多公司的流程充满了漏洞和严重的遗漏错误。当我们回顾这些接受调查的公司并进一步研究其新业务开发流程时，发现不到一半的公司开展了10个或10个以上的开发活动（见图2.7）。37%的公司只能做到这13项活动中的5到9个，这说明这是一个缩短的流程。此外，18%的公司只开展了5个或更少的活动，也就是说，一半以上的开发流程被省略了。这些公司在开发新服务的过程中遇到问题时，不用急于深入地寻找原因，答案可能就在于开发流程本身。

完成的活动/阶段（总共可能13项）

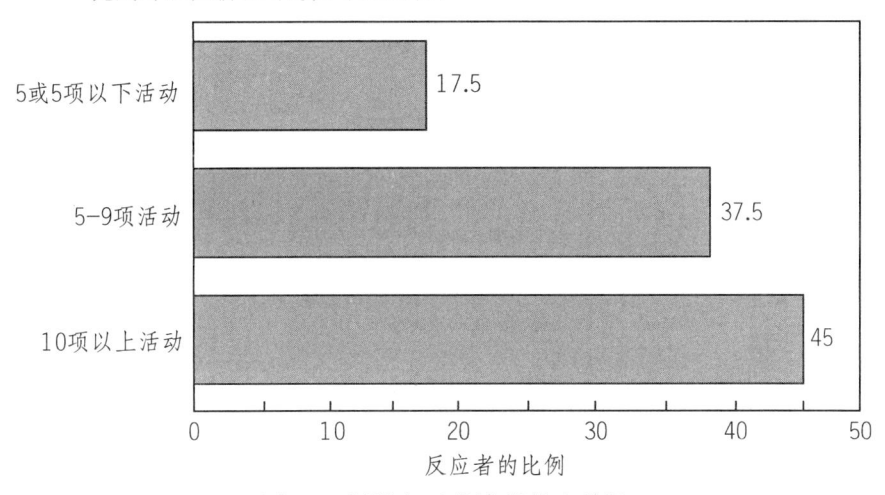

活动数	反应者的比例
5或5项以下活动	17.5
5-9项活动	37.5
10项以上活动	45

图2.7 新服务开发流程的完整性

质量执行得如何呢？它是否有效地完成了呢？还是用了一种仓促或草率的方式进行的呢？图2.8是针对13项关键开发活动的质量指标。企业执行任务的熟练程度从1到5进行评定，得出的结果同样不太理想。从这些数据中我们可以得出两个结论：

• 两项活动，即初步市场评估和产品（项目）开发，可以被认为具有合理的执行质量指标，但是显示的结果仍然不那么理想。这两项活动的得分仍然不超过4分。事实上，没有一项活动的得分高于4。这意味着许多服务型企业的开发流程还有很大的改进空间。

- 企业对于开发阶段的活动处理地相对较好，而开发阶段之前和之后的活动则相对较差。其中，特别薄弱的是详细的市场研究/市场调查、市场测试/试销以及业务分析，包括开发阶段之前和之后的。

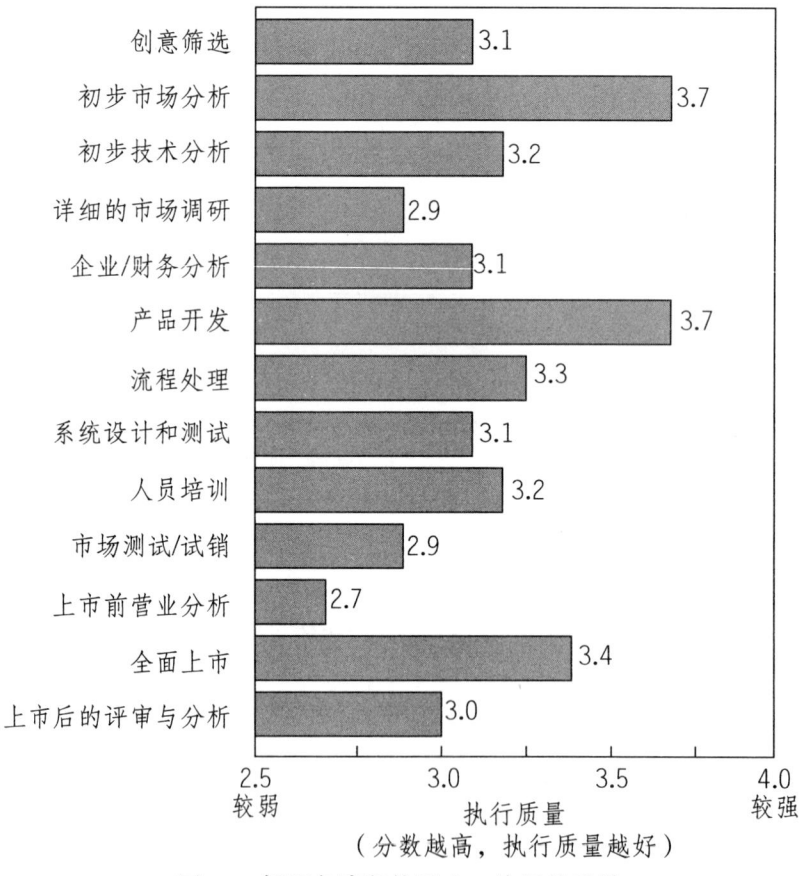

活动	执行质量
创意筛选	3.1
初步市场分析	3.7
初步技术分析	3.2
详细的市场调研	2.9
企业/财务分析	3.1
产品开发	3.7
流程处理	3.3
系统设计和测试	3.1
人员培训	3.2
市场测试/试销	2.9
上市前营业分析	2.7
全面上市	3.4
上市后的评审与分析	3.0

（分数越高，执行质量越好）

图2.8　新服务流程的活动：执行的质量

当我们看到这些结果，就丝毫不会觉得惊讶，为什么新服务的平均成功率只有62.5%。但愿这些公司的竞争对手们没有做得更好！

图2.9显示了另外两个令人不安的发现。首先，每一项活动的执行质量都不高，在熟练程度上存在差距。其次，在执行质量方面，成功企业和失败企业之间存在重大差异。从中得出的结论就是，关键的开发活动，即那些明显地将赢家与输家区分开来的活动，没有得到有效执行。简言之，失败企业的项目团队在这些最重要的活动上表现不佳。

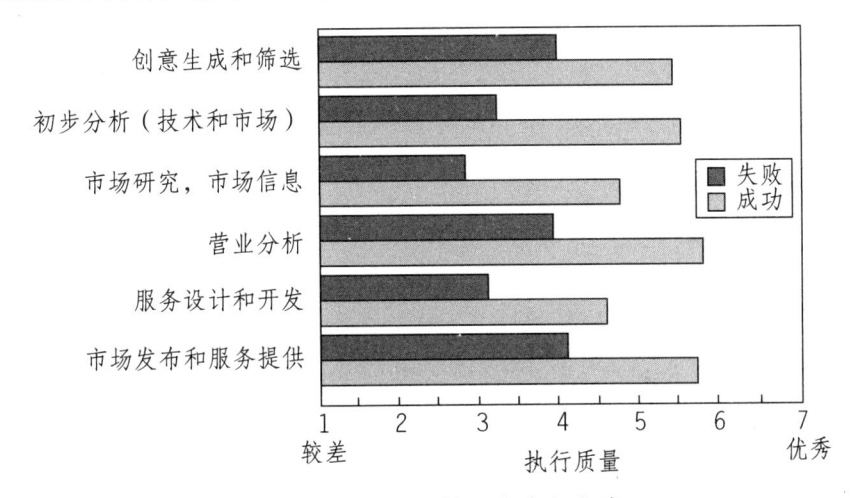

图2.9 执行的质量：成功和失败

一些先进的企业对于以往的项目进行了内部分析，它们也得出了类似的结论。首先，它们发现项目的成功和失败非常依赖关键活动的执行质量。其次，它们意识到自身的开发流程需要改进。因此，其中的一些企业全面修订了开发新服务的流程，并且采用了其他行业领先的门径管理方法。同时，它们也试图提高所有项目活动的执行质量。例如，一些企业为整个流程中的关键任务制订了行动标准（例如，精心设计的商业案例或者市场发布计划应包括哪些要素）。这些企业还在流程中加入了质量控制检查点，也在过关／淘汰决策点上设定指标，以确保项目可以有效执行，也可以终止那些不符合标准的项目。把控执行质量，第一遍就把项目做好，对这些企业的成功是至关重要的。

专注流程会带来回报

那些具有熟练流程的企业确实在市场上表现得更好吗？答案是肯定的。针对那些成功率超过75%的企业，我们采用了与图2.8相同的框架。在图2.10中，我们根据13项流程活动的执行质量，将前三分之一的企业和后三分之一的企业进行了对比。的确，绩效最佳的企业在执行质量方面得分更高。这表明，更全面的开发新服务的方法确实会带来积极的结果。

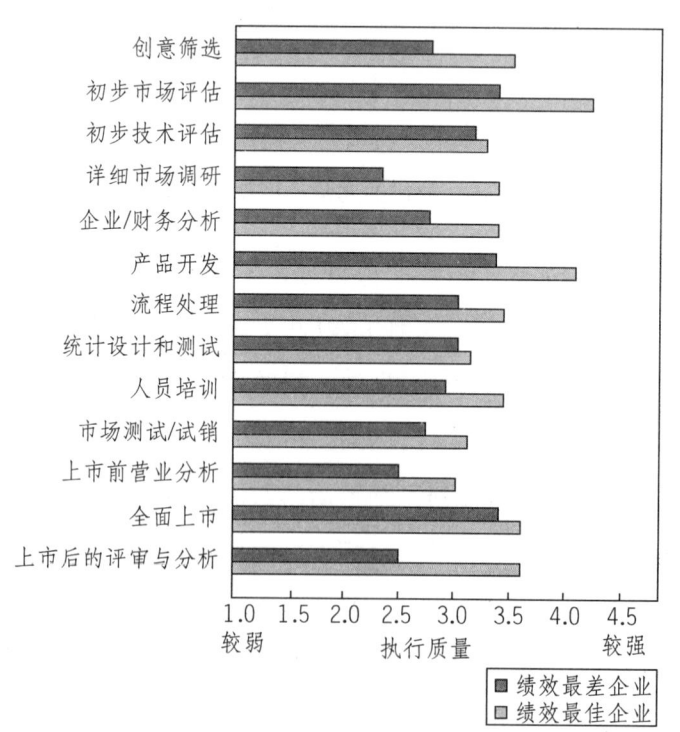

图2.10 执行质量：绩效最佳和最差企业的比较

比较绩效最佳企业和最差企业，差异最大的是创意筛选、初步市场评估、详细市场调研、上市后的评审与分析。除了那些上市后的活动，将绩效最佳企业与绩效最差企业区分开来的活动可以归为前期开发。换言之，那些花时间开展充分前期分析的企业会得到更好的成果。通过在前期开发阶段投入额外的时间，这些企业可以确保新项目在进入开发阶段（投入更高）时，已经具备了完整的市场、竞争和财务可行性的信息。这反过来又为系统人员提供更加严格的规范，及时地带来更好的最终产品。

一些管理者担心，强调执行质量会增加项目的时间。这是毫无根据的。证据表明，执行质量是缩短周期的关键因素之一。记住：没有人会为了等待完美的信息鼓励推迟做决定或者搁置该项目。相反，成功的企业肯花时间第一遍就做好，不会把时间浪费在重新改进那些执行力不佳的项目上。

管理层需要沉思的要点

在企业中，新服务项目的执行质量如何？参考图2.9，自问企业在下列的六项任务上表现怎样。这六项任务可将那些成功项目和失败项目区分开来。

当企业在开发典型的新服务项目时，是否有效执行了以下六项任务？

①创意生成和创意筛选；　　　　　②进行初步的技术和市场评估；
③进行必要的市场调查；　　　　　④进行严格的商业分析；
⑤服务的设计与开发；　　　　　　⑥上市并推出新服务。

根据图2.9中的1到7的数值范围，企业可以对自身进行评分。1代表执行质量糟糕，7代表执行质量优秀。企业得分怎么样？得分是与那些成功企业相同，还是比较接近于典型的、失败企业？如果企业对得分不满，也许现在是时候考虑彻底改变新服务的开发流程了。

‖ 过关/淘汰决策：将合适的资源集中在合适的项目上

大多数企业的资源都是有限的，但企业却正在开展过多的项目。在我们的调查中，没有一家企业的员工是无所事事，只等待项目发生的，反而总是承担更多的项目，超出资源所能负荷的程度。

这样"过多的项目、不足的资源"所带来的结果是，资金和人员变得过于分散。这也意味着项目周期过长，关键的任务无法及时完成或根本没有执行。此外，草率地对待项目、偷工减料的情况时有出现，只是因为相关工作人员没有足够的时间好好处理它们。

这一切都意味着企业必须做出一些艰难的选择。开发服务的工作需要更加集中，管理层必须将稀缺的资源集中在那些真正有前途的项目上，而舍弃普通的项目。首先，大多数的项目创意并没有那么好，但是管理层并不知道如何将潜在的成功项目与失败项目区分开来。其次，资源太稀缺，不能将它们浪费在不良的项目上，否则那些优秀的项目可能得不到足够的资源。尽管这一逻辑看似毋庸置疑，但我们的研究一致证实，新项目普遍存在资源不足的情况。项目有自己的生命，可是企业往往没有制订严格的评价标准或过关/淘汰决策标准，也没有评级和划分优先级的标准。正如一位经理所说，"一旦项目启动，它永远不会被停止……我们有的是一条隧道，而不是一个漏斗"。讽刺的是，我们都明白如何成为成功企业，但却没有把这些知识运用出来，企业没有利用这些知识做出更明智的项目选择决策，也没有更好地聚焦那些有意义的项目。

一些企业在其开发流程中加入了决策点或门径。这些门径成为过关／淘汰决策点，也帮助企业更加聚焦。项目会依次在门径处面对越来越严格的标准，普通项目会被淘汰，而资源会重新分配到有前景的项目上。这样的产品创新的流程管理工具被称为门径流程。门径方法将过关／淘汰决策加入了创新流程中。在第四章和第五章中，我们会更仔细地讨论门径管理的方法，以及企业应该如何规划和实施它们。

案例：在一家大型银行中，管理层认为某些要素对成功至关重要，并根据这些要素制订了一系列的定性评估标准。这些标准被应用于项目周期中的五个决策点（或门径）。除了传统的财务回报标准，即"我们可以从中赚钱吗"？管理层还会考虑"项目得分"这一标准。"项目得分"基于一些定性的因素，例如核心竞争力、竞争优势和市场吸引力。企业会根据项目得分和财务吸引力对项目进行评级和优先级排序。

管理层需要沉思的要点

将合适的资源集中于正确的项目确实是一大挑战。绩效最佳企业不断努力，争取在任一时间点都能保持可用资源和正在进行的项目数量间的良好平衡。为了达到这一点，它们会做出必要的决定，以便有效地管理它们新服务的组合。

管理团队是如何制订过关／淘汰决策的？企业是否认为进展中的项目保持了良好的平衡？企业的决策制订者是否有效并及时地做出必要的过关／淘汰决策？

如果对上述问题的回答不满意，企业可能需要回顾从项目创意到发布的这一开发流程中，企业的管理层是如何为新服务做出过关／淘汰决策的。

‖ 灵活性：在速度和执行质量之间寻求平衡

某些企业重新设计开发流程时，常见的错误是流程中缺乏灵活性。开发流程不但没有成为模板或路线图，反而与官僚主义捆绑在一起。这样的情况可能不必要地减缓了速度。开发流程应该具有足够的灵活性，可以处理多种类型的、不同上市速度的项目，同时仍然可以确保项目的质量。

在灵活的流程中，阶段可以去除，决策点也可以合并，从而使投产准备阶段的活动向前迈进。这个想法是为了在适当的时候简化流程。企业仍然要在精心设计的时间点做出决策，而不是依靠一时的冲动。同时，精简流程应具有恰当的理由，省略某个阶段或活动的风险也需仔细衡量。

为了不以牺牲质量来达到速度，或者为了质量而牺牲速度，企业要确保流程的灵活性。要记住，这个流程是风险管理模型，它只是一系列的步骤，目的是收集信息来减少不确定性，从而管理风险。因此，企业是否要执行流程中的每一项活动要取决于项目的风险级别。

总　结

　　如果企业正在考虑彻底地检查自身的开发流程，要谨记带来最佳绩效的三个基石，明晰的新服务战略、适当的资源投入和高质量的开发流程。在本章中，我们想说明新服务的开发流程和整个流程中的活动对企业在开发新服务上取得成功有很大的影响。然而，研究的结果却给企业以警示，流程本身并不是最终的答案，而是流程的执行质量在起作用。许多企业要么缺乏完整的流程，要么就是它们的执行质量不佳。

　　企业要使其开发工作更加有效并且及时，第一步就是设计并实施新服务的开发流程。许多企业面临着越来越大的压力，它们需要缩短周期，同时提高新服务开发过程的效率。许多企业也已经成功地应对这一挑战，它们从以往的成功和失败中吸取经验并且将其融入开发流程。

　　在本章中，我们已经从流程的角度探讨了成功企业是如何开发新服务的。在第三章中，我们会把关注点聚焦到项目级别上，基于项目讨论成功企业与失败企业的不同之处。

‖ 对企业自身环境进行评价

在我们更进一步讨论细节之前,企业可能需要按照标准流程自检。其中,企业可以使用的方法是 ProBE(产品基准测试和评估测试)。经过多年开发,构成此测试的问题可以用来评估企业在流程和项目层面的优缺点。回答这些问题有助于企业更好地评估自身。企业在回答了这些问题之后,比较企业的情况与数据库中的数据。企业要找到那些自身得分高的领域,也要找到那些需要进一步提高的领域。

开发流程的ProBE（产品基准测试和评估测试）

以下问题是为了新服务开发流程的ProBE而设计的。企业可以用提供的数值回答各项问题，确定企业现有流程的特性。

1. 一个正式的开发流程，一个标准化的流程可以引导开发项目从创意到发布的进程。该流程由不同的阶段和过关／淘汰决策点组成。

0 1 2 3 4 5 6 7 8 9 10
完全不是　　　　　　　非常是

2. 明确定义的阶段，其中包括明确的、要采取的活动，例如"商业案例分析"或"概念开发"。

0 1 2 3 4 5 6 7 8 9 10
完全不是　　　　　　　非常是

3. 各个阶段所列出的活动。例如针对商业案例这一阶段，可以有调研、市场分析、成本分析等。

0 1 2 3 4 5 6 7 8 9 10
完全不是　　　　　　　非常是

4. 项目的各个阶段都有明确的过关／淘汰决策点（或门径）。例如。入口1可能是"初次筛选"，入口3可能是"进入开发阶段"等。

0 1 2 3 4 5 6 7 8 9 10
完全不是　　　　　　　非常是

5. 流程中的各个门径都有过关／淘汰决策的标准（或准出条件），即需要满足哪些条件才可以通过一道入口。

0 1 2 3 4 5 6 7 8 9 10
完全不是　　　　　　　非常是

6. 各个门径都有明确的可交付成果，即在进入下一个入口或决策点前，项目领导或团队应该提供的或者

0 1 2 3 4 5 6 7 8 9 10
完全不是　　　　　　　非常是

应该完成的一个相对标准化的清单。

7.各个门径都有明确的守门员。这些人员会在入口处对项目进行审查，他们会组成一个特定的团队，即部门管理团队。

0 1 2 3 4 5 6 7 8 9 10
完全不是　　　　　　　非常是

8.流程需要清晰可见，它有书面的文本，并且记录在一本手册或一张流程图中。

0 1 2 3 4 5 6 7 8 9 10
完全不是　　　　　　　非常是

9.企业确实会采用这个流程。大部分的新项目应根据这一正式的方案，确实经历这些流程、阶段和决策点。

0 1 2 3 4 5 6 7 8 9 10
完全不是　　　　　　　非常是

10.在流程中有一些难度高的、要求高的过关／淘汰决策点，企业需要做出艰难的决策并将不佳的项目淘汰掉。

0 1 2 3 4 5 6 7 8 9 10
完全不是　　　　　　　非常是

11.企业会衡量项目的绩效，它们会确定项目的产出（成功和失败、投资回报率），也会对以往项目的产出进行记录。

0 1 2 3 4 5 6 7 8 9 10
完全不是　　　　　　　非常是

第三章

成功的关键步骤：影响项目的因素

Critical Steps for Success: The Project Factors

成功开发新服务的关键是什么？第二章从宏观的角度介绍了使项目成功的各个要素，或者更准确地说，企业开发新服务流程所具有的几个重要特征。本章会从更加微观的角度介绍个别项目、特征以及项目组的工作。其中，我们会确认开发新服务所包含的关键要素。这些要素是项目中的一些活动，正是这些活动将成功的服务与失败的区分开来。我们会进一步解释，管理层如何运用这些关键活动提高新服务的成功率和盈利水平。

在过去的20年，我们深入研究了各个行业推出的大约3000个新产品，其中一些服务获得了巨大的成功，而另一些则惨遭失败。我们进一步考察，想了解哪些要素使得其中的一些新服务获得成功。每一次我们都问同一个问题：这些成功项目拥有哪些关键要素？目前，我们的数据库已经拥有超过1500个新服务开发的案例。在本章中，我们会讨论从这些研究中得出的一些重要结论，以及企业可以用来改善新服务绩效的九个步骤。当你读到其中的一些步骤时，你可能觉得它们是显而易见的，但不是每个管理者都这样认为，尤其是那些带领项目走向失败的管理者们。以下是九个步骤的具体内容。

‖ 在项目进入开发阶段前，开展充分的前期工作

前期工作，即项目实际开发阶段之前的任务，对于项目的成功来说是至关重要的。对前期工作准备充分的项目来说，成功率（82.4%）是准备

不充分项目（38.7%）的两倍（见图3.1）。与此同时，成功项目和失败项目也存在着重大区别，其中最突出的就是前期开发工作。这一阶段包括初步评估、市场调研和业务分析。

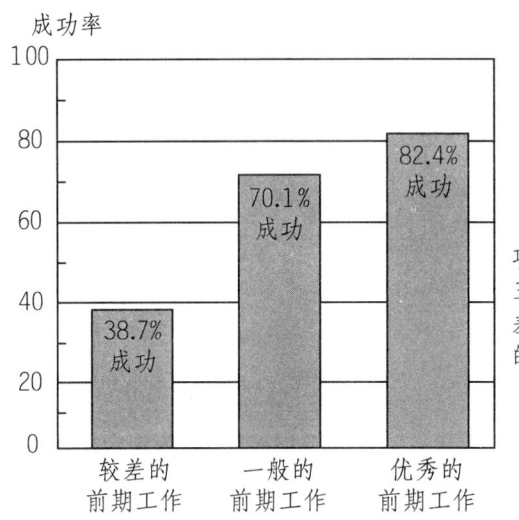

图中显示：较差的前期工作 38.7% 成功；一般的前期工作 70.1% 成功；优秀的前期工作 82.4% 成功。项目根据前期工作分成了三组，20%最优的，20%最差的，60%中间的，三组的成功率如图所示。

图3.1 前期开发工作所具有的影响

简单地说，这些开发阶段之前的步骤对于项目的成功来说是非常重要的（参考50-52页的"进行前期工作"）。刚开始的几轮好像就决定了最后的结果。而且，我们在研究失败项目时，往往发现这些失败可以追溯到前期开发阶段的缺陷。这里存在的问题是，在典型的新服务开发中，企业几乎不在前期工作上投入时间和金钱。企业广泛采用的模式是，生成创意，开展最简单的前期工作，然后直接进入开发阶段。而企业应该采取的新模式应该是，生成创意，逐步开展前期开发的所有步骤，只有当该项目有机会取得成功时，才进入开发阶段。（参见50-52页的"进行前期工作"的具体步骤列表。）

企业常常以没有时间为借口来省略项目的前期工作，就如一位主管所说："我很忙……我没有时间做完所有的前期工作……我们省略这些工作，然后进一步推进项目……这样可以节省一些时间！"可惜的是，企业这样做非但没有节约时间，反而使项目变得更加冗长，也无法取得成功。为什么呢？

• 第一，前期工作可以提高项目的成功率。这是有充分证据支持的。基本会产生两种结果，准备充分获得成功，或是产生一大堆快速的失败项目。

• 第二，前期工作实际上可以缩短上市的时间。这是因为好的前期工作意味着项目有表述准确的定义或说明。在开发项目的过程中，最浪费时间的一件事情就是服务说明一直在改变。这就像当你试着踢球入门时，有人一直在移动门柱。

• 第三，前期工作帮助企业预测可能发生的问题，以免企业因为这些问题付出高昂的代价难以处理。对一项服务或一个系统来说，做出改变的最糟糕的时间就是它们已进入市场。

在企业的开发流程中加入一个或两个彻底的前期工作阶段。这一阶段应该包括一些行动，例如初步筛选，市场、消费者和竞争性研究，技术、系统和操作评估，财务分析。前期工作所带来的企业项目应该是基于事实，而非猜测。企业应该坚持开展充分的前期工作，确保主要的项目进入开发阶段时没有缺失关键信息。同时，企业也要确保项目的定义来源可靠。

进行前期工作

第一阶段

　　前期工作往往是新服务项目中被忽略的一个部分。初步研究阶段应包括以下一些活动。

初步市场评估：这是一次快速的市场调查。它会评估市场是否存在、市场的潜在大小和预期的项目定义。我们可以把它当作侦探任务，案头调研，获取可用的公共或商业的数据库、报道和文章，利用机构内部的信息和人员，联系一些领先用户。

初步技术评估：这是一次快速的评估。它会提出系统的解决方案，描绘出可行的路径，估计开发的成本、时间和风险。这项工作大部分是概念上的，人们会采用专业技能，如使用技术文献、搜寻供应商、内部系统等，展开头脑风暴，召开创新性问题解决的会议，回顾竞争力解决方案和与企业外部的技术专家合作等。

初步业务评估：这是一次快速的财务分析（例如估计项目的回收期）。它基于销售额、成本和所需投资做出非常粗略的估计、法律评估和快速的风险评估。

第二阶段

对于那些更大、更复杂的项目，很多企业会在开发前进行第二轮比较详尽的研究，通常包括下列活动。

详尽的市场研究：

• 采用需求和想法研究，和潜在的消费者们进行面谈，确定需求、想法和偏好；确定产品性能的要求；列出消费者们的愿望清单。

• 使用价值研究，评估新服务带给消费者的经济价值。这常常包括深入研究消费者的使用系统、目前所采用的解决方案以及不同的成本动因。

• 竞争性分析，仔细分析竞争对手们提供的产品、定价、竞争领域以及各自的表现（例如市场份额和盈利水平）。

• 概念测试，对建议的服务进行测试（以概念的形式）以衡量消费者的兴趣、喜好、购买意图和对价格的敏感度，以此预估销售额。

详尽的技术评估：这是一项更全面的操作。企业会评估系统的可行性，确认可行性方案，解决技术风险，以及估计操作和运输要求（路径、成本和可能的支出）。

详尽的业务评估：这些操作可以帮助企业明确商业提案，为项目提供商业理由，也可以解决潜在的路障和风险。其中的任务包括详细的财务分析、商业风险评估和对法律规章的分析。

‖ 采用有力的市场导向，在项目的各个方面融入客户反馈

如果企业可以将客户反馈融入项目开发工作的各个阶段，这会大大提高项目的绩效。比方说，当企业很好地完成了营销和市场调研时，项目的成功率会上升到80%；可是，当营销工作做得马马虎虎，或者完全被省略时，项目的成功率会急剧降低到20%。图3.2总结了市场信息、市场调研和测试对项目的影响。这些工作包括初步市场评估、详尽的市场研究、市场调查、消费者测试和试销。

一项成功的金融新服务研究更进一步地说明了客户反馈的重要性。和一般的项目相比，绩效最佳的项目拥有由市场推动的开发流程，它是总体财务表现的第二大推动力。当企业将足够的资源投入市场调研，才能很好地理解客户需求、想法和购买行为，也才能明白竞争对手的战略和服务，同时，企业也应采用市场调研来测试消费者对于此服务概念和战略的反应，这样，新的服务项目才会表现得更好。

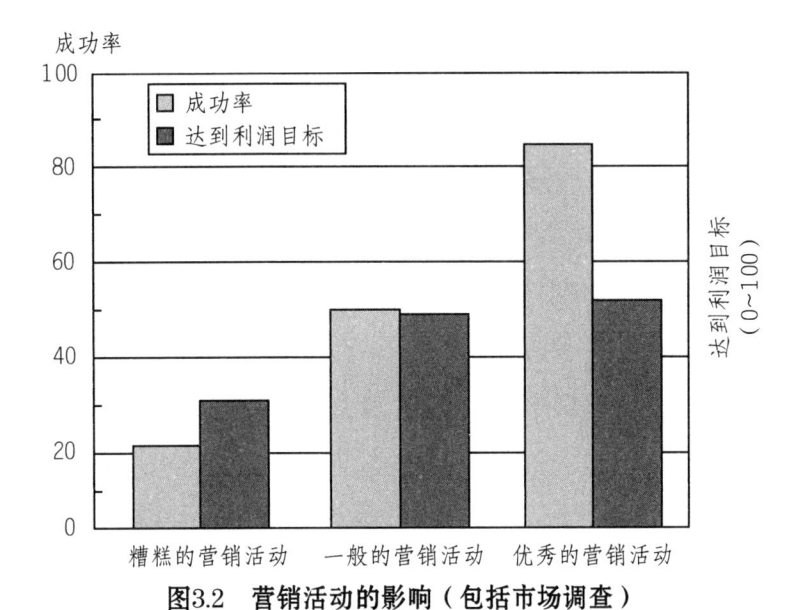

图3.2 营销活动的影响（包括市场调查）

从以上的研究中我们可以得出清晰的结论，管理层需要在整个新服务的开发流程中运用好客户反馈。下面是运用客户反馈的一些方法。

- 初步市场评估——进行快速的市场概览。
- 用市场调研来判断用户的需要和想法——通过深入的访问了解客户心声。
- 竞争性分析——评估竞争对手的服务、定价和特性。
- 使用价值分析——确定企业的服务对于消费者的经济价值。
- 概念测试——在企业将资金投入开发阶段之前评估消费者的购买意图。
- 开发过程中的客户反应和反馈——通过不同的样品和测试，获得客户反馈。
- 用户测试和实地检测——验证产品是否有效。
- 试销——特别是针对那些风险更高、销量更大的服务。

- 市场投入要基于可靠的营销计划。

企业如何确定其开发流程一定是市场导向的呢？

首先，上述的这些关键市场要素需要加入企业的开发流程中。很多企业没有将它们纳入其中。其次，领导团队，即守门员，要命令相关人员采取相应的营销活动。如果这些活动没有贯彻施行，则停止该项目。这里存在的问题是，短期内，营销活动往往被认为是可有可无、可多可少的，而那些技术活动，例如编写软件代码、进行初步测试或者测试操作和传输系统，则一般被认为是必须的。企业应该重新思考什么才是重要的。最后，项目团队要获得充裕的营销资源。企业无法在没有球员的情况下赢得比赛。

案例：一家薪酬服务公司将用户们聚集起来，分成不同的讨论组，讨论新服务的设计和开发，并将各个特性（功能项）的比分逐个向用户们展现。用户们就各个特性进行讨论，然后用电子键盘对各项特征进行投票，选择是或否。企业也会对销售人员做同样的调查。有趣的是，在销售人员和用户们选择的功能项中，有三分之二是一致的，其余三分之一的选项则不同。这一结果更进一步证实，企业需要直接从消费者那里获取设计的创意。企业可以在其设计和开发阶段反复地举行类似的会议，以此确保新服务体现了客户的意见。

‖ 组建高质量的跨部门团队

一个项目组织要体现出两方面的能力，项目组的本领和项目组在多大程度上实现了真正的跨部门协作。这两方面都影响着项目结果。

高质量项目团队的特征

- 项目领导者在同一时间专注于一个项目（而不是同时带领很多项目）。经常出现的情况是，一个企业的项目领导者被分配了过多的项目，以至于他无法有效地开展重点项目。正如一个项目领导者所说："我有我真正的工作，同时我也是此次新服务的项目领导者。这意味着我没有足够的时间有效地带领项目团队。反之，我的大部分的时间都用来处理常规的服务线问题。"
- 高质量的团队会有频繁的、有效的沟通和互动。他们经常召开状态更新、进度报告和问题解决方案的会议。最佳的团队有简短的周例会，以此确保整个团队都能了解到最新的情况。简短意味着会议要更有效率地进行，不会浪费太多的时间。
- 局外人（项目团队以外的企业内部的人员）做出的决策需要快速并有效率地处理。企业在这方面做得出色往往是由于有熟练的操作团队。例如，不管是内部营销、沟通还是说服，项目组都能做出有效应对，让局外人和他们站在同一战线，并且做出快速、有效的决策。

组建真正的跨部门团队

- 所有的项目都配有团队。很多企业听从建议，建立正式的项目小组并分配成员。但是，在一些企业中，谁属于该项目小组而谁不属于则没有十分明确。

- 这些小组成员都来自企业中的各个相关部门，不管是操作、系统、营销或其他别的领域。换句话说，该项目组拥有所需的技能各类人才。同时，该项目团队包含了所有关键领域，而这些领域会影响到项目是否能够成功。因此，这是真正意义上的跨部门团队。
- 所有重要项目都有一位明确的、负责的项目领导者。他负责推动项目的进展。一位管理人员说："我想要的是一个关心项目的人，他会推动项目的进展。"
- 项目领导者会从始至终负责项目，而不是只负责其中的某个阶段，或者在项目的周期，经常将领导权交给别人。
- 团队的结构不是固定不变的，可以根据项目要求的改变增加或减少人员。但是，项目的核心始终不会改变，即有负责心的、忠诚的团队成员。

当企业在彻底检查其新服务的开发流程时，不要忘记人员这一因素。如果没有一位好的团队领导，或者没有足够的参与人员，又或者团队成员们无法通力合作，那么即使是设计最佳的流程也会陷入困境。企业要确保每一个重要的项目都有一位明确的、负责的项目领导者，他会从始至终对项目负责。要避免将企业的最佳人员分散到过多的项目中。当企业将人员分配到项目组后，也要努力确保这些人员有足够的时间完成工作。如此一来，项目团队会变得更加有效率，该项目各个阶段的活动也会及时完成。

‖ 采用快速的平行加工法，缩短周期

项目团队面临着两难的处境。一方面，他们被高层管理者督促着缩短周期，即压缩项目从创意到发布的时间。另一方面，他们又被要求提高新服务开发的有效性，降低失败率，处理好项目。"处理好项目"则预示着一个更全面、时间更长的流程。

平行加工可以满足企业对于完整的、高质量的流程的需要，同时，它也可以帮助企业应对快速发展的商业环境所带来的时间压力。一般来说，新的服务会根据一系列的串行顺序来进行管理，每一个任务都会按顺序依次进行。这类似于一个1000米接力赛，每一个部门都需要跟着这个项目跑100米。在开发新服务的接力赛方法中，有一些阶段是非常普遍的，例如"交接""把项目传递下去""失掉了球"和"扔到墙外"等。

和串行方法形成鲜明对比的是平行加工法。平行加工法可以在同一时间开展多项活动。类似于橄榄球比赛，而不是接力赛。球场上会出现一个团队（而不是一个单独的球员）。从球开始出现，球员们就争先恐后地抢球。他们在球场上相互追逐，不断地从侧面传球，同时也有很多的碰撞。差不多25米左右，球员们会聚集起来进行一次争球（或门径审评）。接着会有另一阶段的平行项目。

在平行加工的情况下，比赛会比接力赛更加激烈，在特定的一段时间内更多的工作要完成。首先，三到四项工作同时开展，每个都由不同的团队来完成。其次，由于缺乏时间，企业可能忽略某项活动或任务或者对其处理不当，但是，在平行加工的情况下，该情况出现的概率更小。再次，各项活动可以相互促进（例如球场上的球会被来回传递）。最后，整个新服务的流程会跨越多个部门，涉及多个领域，整个团队，如营销、技术、系统、客户管理和操作等，都会出现在赛场上。参与者要积极地参与各轮比赛和每一次门径审评（争球）。

考虑一下，企业如何将平行加工法融入流程中。同时，确保企业可以利用团队的优势，尽快地开发新服务。

‖ 从有利位置进攻，利用核心竞争力

在这里讨论的情况中，协同性是指企业在新服务上利用其优势和竞争力的能力。因此，在项目需求和企业的资源、技术、经验和核心竞争力上存在着一个良好的契合。对那些没有利用协同性的企业而言，它们的成功率则低得多——差不多只有那些最成功的企业的四分之一（见图3.3）。的确，营销的协同性是排名第一的成功要素，它将绩效最佳的新服务与略微成功的服务区分开来。

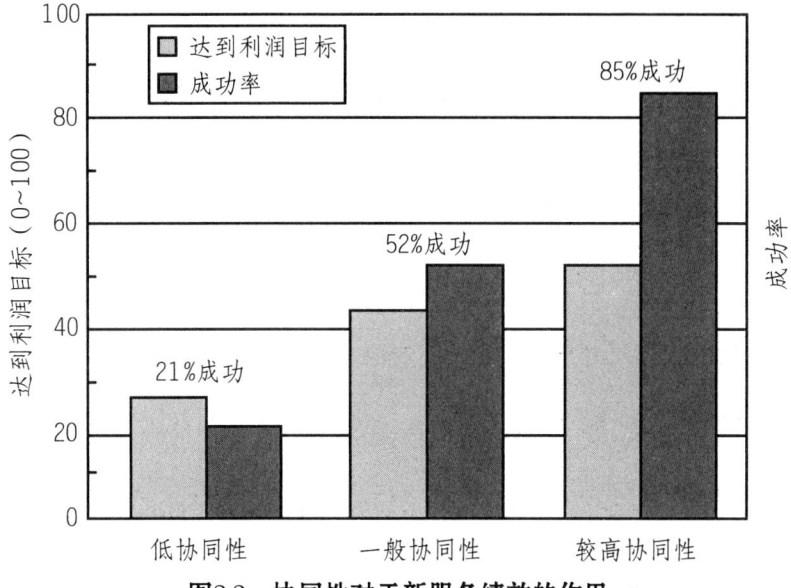

图3.3 协同性对于新服务绩效的作用

研究发现，企业可以在以下几个最重要的领域中利用其核心竞争力。

营销

• 新服务与企业的销售团队相契合或者加以利用，开辟出新的资源和才能。

• 现有的广告和促销技巧、资源存在高度的契合。

• 企业自身的营销才能和资源。

• 与内部市场研究的能力高度契合。

操作

• 新服务与企业的服务传递系统相一致。

• 与现有人力资源水平高度契合。

• 新服务可以使用或依靠现有的操作设施。

管理和财务
- 新服务可以利用企业现有的财务能力和资源。
- 新服务可以利用现有的管理技能和偏好。

当企业选择、评分和排序项目时，应该使用这些协同性的标准。如果一个项目在一些或大多数的协同性标准上得分较低，将其标记出来，因为这些项目可能遭遇困境。协同性正成为企业做出过关／淘汰决策的重要标准，同时也帮助企业聚焦于关键性项目上。如果一个项目在一些领域表现欠佳，可仍然通关了，那么企业就需要尽最大努力改善不足之处。例如，企业可能考虑建立合作伙伴关系，与一家具有其所缺乏的技术或能力的软件公司合作。或者，企业可以和另一家机构合作，而这家机构恰好具有企业所缺乏的关键的分销渠道或销售团队。如果企业缺乏协同性，即项目的要求和企业的竞争力、资源之间存在较大落差，可是项目仍然要继续前进时，那么可想而知，前方的道路会更加坎坷。

‖ 寻求独特的、优质的服务

首要的成功因素之一是新服务本身，该项服务必须真正地取悦消费者。获得成功的项目都是具有差异性、优质的服务，能为消费者提供卓越的价值。

这听起来很简单，但是事实上，千篇一律的、陈旧的、类似于商品的新服务比那些真正优质的服务要更为普遍。请注意，图3.4显示了拥有一项卓越的服务对于两项绩效评估的影响。与那些没有新意的服务相比，这些优质服务的成功率要高出三倍以上，同时，它们也更有可能达到利润目标。

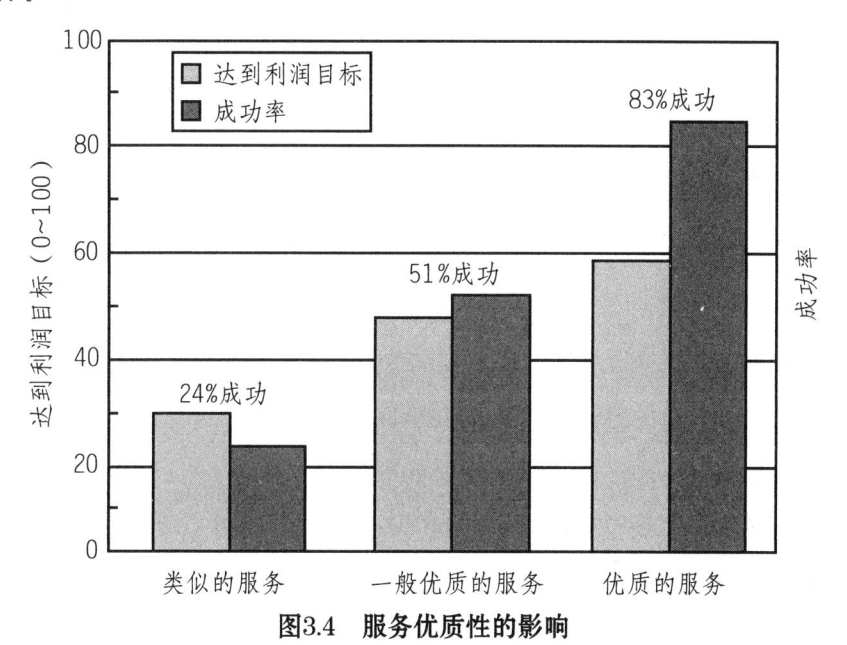

图3.4　服务优质性的影响

有时候，提供一项卓越服务的能力可以来自大量的商品服务和现有的技术平台。

案例：一家美国的银行开发出了一种商用的、新的、有差异性的信用卡。此行业的传统的领导企业是美国运通和大莱卡（Diner's Club），它们的定位是旅游业和娱乐业。不过，现在出现了一个细小的但有营利性的市场，即购买小型办公用品的市场。当办公室职工购买办公用品时，他们往往支付备用金或刷个人信用卡购买，而这些费用之后都会报销。但是，备用金或个人信用卡都存在费用较高、手续较烦琐的问题。因此，Visa信用卡提供了一种新服务，允许企业指定办公室的某些员工负责所有的小额采购，这样一来，企业可以避免报销流程，也不需要设置备用现金箱。这项新服务虽然概念上不复杂，但是需要企业开发系统和软件。最终，该信用卡在这个利基市场中大获成功。

由此可见，服务提供商并不是真的陷于商品经济的竞争中，没有获得差异化的机会。产品和服务都面临同样的问题：如果企业不相信自身会获得差异性和优势，那么企业就永远都做不到。可是，我们的研究发现，尽管许多企业都面临着市场上众多的、竞争性的、类似的服务，可是仍然有可能实现真正差异化。

那么，可以取悦消费者的优质服务有哪五大要素呢？要获得图3.4中的那些优质服务，企业需要投入什么？这些取得成功的服务得分之高，是因为下列五个要素。

- 为消费者带来独特的、较好的益处。
- 比先前可用的产品有更高的性价比。
- 比竞争对手的产品提供了更好的服务。
- 出现更少的失误，更值得信赖。
- 有更好的品质形象。

请注意，以上所说的优质性的各项要素都是从消费者的角度描述的。

服务的优质性是一项显而易见的成功要素。可是，许多企业困于一种商品的思维中，继续推出千篇一律的、没有差异性的服务。

下面的步骤显示出，每一项优质的新服务项目都是通过设计，而不是通过运气得到的。

1.在开发工作开始前，企业要清楚明白，一项优质的、有差异性的服务实际上意味着什么。

- 进行一项细致的用户需求调查。

- 进行彻底的分析，确定竞争对手的服务所具有的优势和劣势。
- 在整个开发过程以及之后的阶段中，对服务的概念进行测试和验证。

2.针对即将开展的项目，运用优质服务的五大要素（如上所述）对其流程的各个阶段进行评分和排序。毕竟，这些要素都与利润率存在高度的关联。

- 在新服务开发流程的各个过关／淘汰门径处，将这些要素加入其中的筛选标准。
- 使用这些标准选取企业的下一个成功项目。
- 坚持让项目团队在各个过关／淘汰决策点提交一些证据，以此证明服务的优质性。

这些行动与积极的财务绩效高度相关。由此可见，可靠的前期工作以及将消费者反馈融入开发过程中是十分必要的。

案例：企业要开发一项新的按键式的电话银行服务，这项服务针对的是小型企业主。在开发过程中，产品经理不遗余力地确定潜在用户的确切需要。这位产品经理意识到，尽管小型企业主可能与零售客户类似，但他们很有可能也有独特的需要。因此，零售的电话银行产品可能不适当。此后，企业进行了广泛的市场研究，包括与小型企业主的讨论，并且由此确定了这一目标群体所希望的特征和功能。接着，企业构建了一个粗略的工作模型，即样品，并将其在特定环境下向潜在用户展示。就这样，企业评估了消费者的兴趣、偏好和购买意向，并且做出了修改。当服务推出时，这一目标群体对该项服务非常满意，该项服务由此大获成功。

寻求服务和市场的契合

服务和市场的契合与服务的优质性紧密相关,也是绩效的一个关键推动力。以下是企业提高契合度的3个要素:

1.这些服务明显地满足了消费者或使用者的需要。
2.它们会对消费者需求和想法的改变做出回应。
3.它们与现有的消费者的价值和想法一致。

一项服务和市场契合度的分析得出了戏剧性的结论(见图3.5)。与那些市场契合度低的服务相比,市场契合度高的新服务(即该表格内前20%的服务)的成功率要高出五倍以上,并且更有可能达到它们的利润目标。可是,很多企业在这方面的工作特别薄弱。在我们研究的新项目中,消费者好像被故意忽略掉了!

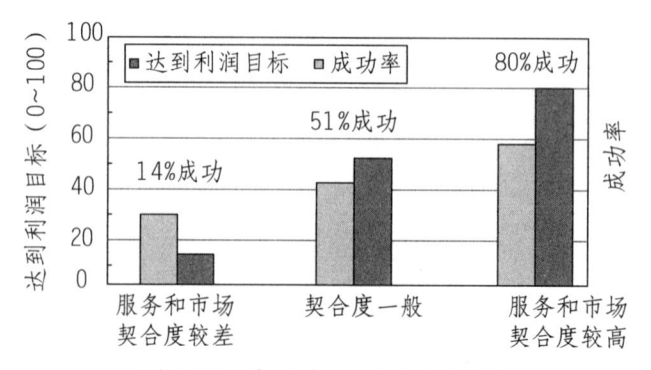

图3.5 服务和市场契合度的影响

关于新服务和市场的契合度，它的重要性再怎么强调也不为过。企业要确保服务和市场的契合度，必要在开发流程中加入客户需求调查、进行前端工作，并且对消费者进行持续的测试。不但如此，企业还可以使用服务和市场契合度的三个要素作为筛选和项目评级的标准。

‖ 用一流的专业知识提供顶级的服务

生产和提供服务的员工是否具有专业知识是企业能否取得成功的一大要素。服务的专业技能类似于有形产品的产品质量，它体现了专业的程度和提供服务的员工所接受的训练。它的重要性基于以下两个原因。

1.与有形产品不同，服务的生产和消费是同时完成的。因此，服务的质量、传输的质量和员工的专业知识几乎是等同的。一个没有接受适当培训的前线员工会影响购买者的体验，从而损坏一项原本优质的服务在消费者眼中的质量评价。

2.服务是无形的，因此购买前评估"产品的好坏"是很困难的。所以，消费者通常购买的是该企业的服务技能和形象。消费者在做出购买决策时，更加依赖前线员工的专业技能，而不是服务的作用或特性。

那些在专业技能上评价较高的服务，往往专家们在服务的生产和提供上发挥了重要的作用，前线员工也往往训练有素或技能娴熟。

高水平的服务技能通常会带来丰厚的回报。与专业技能欠缺的服务相比，专业技能占前20%的新服务有3.6倍的成功率。在绩效最佳的（盈利水平最高的）新服务中，一流的服务是绩效的第四大推动力。我们观察这些盈利水平最高的服务就会发现，企业往往能够以一种及时的、亲切的、有效的、有礼貌的方式为消费者提供该项服务，并且配备了专业知识丰富的员工。

前线的和幕后的员工通常代表着服务水平。他们的专业技能、培训和知识对于企业获得的成功来说无疑是至关重要的。因此，企业应该将这一要素作为市场发布计划的一个重要部分，如果一项服务没有合适的一线和操作人员、没有合适的技能和培训，就不能使其进入市场。

▎要记得坚守到最后一场比赛：一项高质量的发布工作

那些具有卓越发布计划的新服务（其中的前20%）具有十分显著的成功率，比例高达81%。相对来说，那些发布工作处理不佳的服务（最后的20%）则只有30%的成功率（见图3.6）。的确，对那些最成功的服务来说，发布的质量是第二大推动力。我们衡量了操作良好的发布工作所包含的内容，并将它们与项目的成功、盈利水平联系起来，得到下列结论。

• 第一，绩效最佳的企业认真地制订了详细的市场发布计划。计划包括了正式的促销和营销传播计划，企业也分配了足够的资源支持该项计划。

- 第二,所有的员工都了解并全力支持绩效最佳的新服务。这意味着,在该项服务推出前,企业已经在内部向前线的和现场的销售人员进行了广泛的宣传,以此确保他们的全力支持。
- 第三,在产品推出之前,与客户接触的员工都具备必要的知识、营销和销售技巧。前线的服务人员都接受了关于这项服务的全面培训。
- 第四,在产品推出之前,成功的新服务需要在设计问题上经过全面检测。

在绝大多数情况下,企业没有实践上述这些重要的发布工作所包含的内容。许多新服务在推出的时候,前线员工都没有接受适当的培训。在某些情况下,一些重要的员工甚至对此项服务几乎不了解。企业往往没有正式的营销、沟通和推广计划,该服务在推出的时候往往有漏洞或者瑕疵。结果是可以预料的:失败!

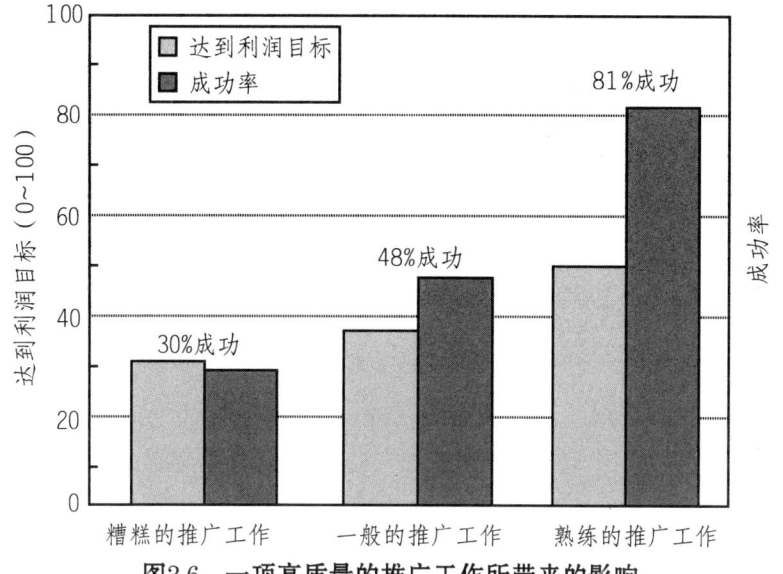

图3.6 一项高质量的推广工作所带来的影响

在新服务的开发流程中，营销计划是其中的一个关键部分，它必须在项目的早期就开始进行。在一家主要的电力设施企业中，他们设定了简单的规则，除非有成形的初步营销计划，否则项目就不会进入开发流程。该营销计划必须得到高级管理层的认可和支持，以此确保所有的部门，包括现场销售团队和操作人员，都有统一的认识。如果关键的前线员工没有接受适当的培训，或者他们缺乏推广这项新服务的热情，那么就别指望它获得成功。

营销计划必须涉及发布工作的各个方面（广告、推销、培训和沟通），必须包括外部和内部的营销必须配备适当的资源。在很多时候，一些精心开发的服务在市场上遇挫，只是因为它们没有适当的销售和推广资源。

案例：某家银行推出了一项新的、分层的利息账户，目的是向较小型的企业提供一项"特殊服务"。可是，在该账户推出时，银行内部几乎没有任何沟通，也没有对前线员工进行任何培训。由于缺乏足够的信息，许多账户经理错误地理解了该项服务以及它的定位。进而，他们开始向最大客户推销该服务。最后，这家银行需要支付数百万美元的存款利息，而原本应该是免息的。因为该银行缺少销售团队的培训和及时的沟通，所以不得不接受这次代价高昂的教训。

发布前的一项重要活动是对产品进行测试。企业的新服务开发流程必须得到确保，传输工作必须衔接完美、没有漏洞。我们的观察表明，企业在服务发布前的阶段，需要对服务进行更多的、更好的内部和外部测试，这就是"确认阶段"。你所处企业的流程中包括确认阶段吗？

总　结

在本章中，我们列出了项目团队要开发成功的新服务所需要采取的九个关键步骤。这个建议是基于我们多年以来对数千家企业的研究，包括服务型企业和有形产品的生产商。我们将这些步骤逐条列出，可以帮助企业开发出成功的新服务。

在新的时代，企业所面临的一大重要挑战就是如何开发新服务。技术以极快的步伐向前迈进，从而带来了无穷的机遇：互联网上的银行业务和保险、针对零售商和企业客户的新式信息产品、新的电子传输渠道等。当企业和消费者在应对一个更加具有竞争性的、快速的、充斥着信息的世界时，客户的需求也在持续改变。

那些成功开发出新的服务的企业，即那些抓住市场和技术上的机遇的企业，才能成为最后的赢家。那些选择忽略服务开发，或者无法把创新做好的企业，则会被市场丢弃。思考本章列出的九个成功步骤，并且问问自己：企业是否将这些步骤融入新服务的开发方法中？如何融入的？研究显示，在大多数的情况下，企业的开发流程中都存在着一些重大缺陷。

在接下去的两章中，我们会详细介绍门径系统方法。这个方法已经在很多行业中成功地运用，现在也开始被服务型企业所采纳（见图3.1）。

经过证实，该方法可以将关键的成功因素融入企业的新服务开发和发布中。门径系统的开发有希望推动新服务的开发，并快速有效地进入市场。

成功的关键步骤

①在项目进入开发阶段以前，企业开展充分的前期工作。

②采用有力的市场导向，在项目的各个阶段融入客户需求研究。

③组建高质量的、真正跨部门的团队。

④采用快速的平行加工法，缩短周期。

⑤从有利位置向市场进攻——寻求协同效应。

⑥努力开发独特的、优质的服务。

⑦寻求服务和市场的契合。

⑧根据消费者的评价，用专业知识提供高质量的服务。

⑨要记得坚守到最后一场比赛：一项高质量的发布工作。

第四章

制订新服务开发流程

Developing A
Winning New Service
Development Process

要在开发新服务上取得成功有两条基本的途径。一是挑选正确的项目，如果企业在开发投入和营销资源上特别精明，那么企业就很有可能成为最后的赢家。另一条途径是正确地处理项目。当企业确定了投资的项目时，将其推入市场的最好的方法是什么？挑选正确的项目关系到项目选择和组合管理，而正确地处理项目则更多地牵涉到管理企业的创新流程。本章的主题，门径管理方法，同时与这两者相关。

- 它能帮助企业选择合适的项目，做正确的项目。
- 它能指引团队将项目推向市场，正确地做项目。

很多企业想要快速有效地将新服务推向市场，同时，它们也希望精心设计的流程可以包括关键的成功因素，这推动企业采用门径流程或门户系统的管理方法。什么是门径流程？怎么才能将其运用到企业中呢？首先，企业可以将新服务的开发视作一个流程。这个流程始于创意，最终的结果是在市场上推出的一项成功的新服务。事实上，所有的工作都是一个流程，而任何流程都可以被重新设计，从而变得更加快速有效。企业需要确保自身的业务流程是合适的，它所带来的结果也能够提高绩效。

很多有形产品的企业设计采用了系统化的新产品流程，并且运用门径流程的形式。实际上，美国产品开发管理协会的一项最佳实践研究指出，美国60%的产品开发商都采用了门径流程作为新产品流程。同时，绩效最佳的企业甚至开始运用一些更复杂的门径流程。要更清楚地知道什么是门径流程，以及怎样将它运用到企业中，请继续阅读。

‖门径流程

什么是门径流程

门径流程是企业开发新服务的路线图或指南。它帮助企业成功、快速地推动新服务的进程，包括从创意产生到开发及其以后的阶段。企业开始会制订出典型的主要项目所要经历的各项关键活动。这些活动通常有几百项，它们会被拆分，归类到不同的阶段。大多数情况下，得到的是含有5-6个阶段的模型。每个阶段包括一些强制性的最佳实践活动，而这些活动都是一个优秀项目所必须包含的。

每个阶段后都有一个决策点，称为入口。企业在入口处会决定该项目是否继续进行。在这些门径会议上，管理层会对项目做出过关/淘汰以及资源分配的决策。由此可见，这些入口可被视作项目前进路上的开关。

门径流程怎样产生更好的结果

门径流程可以带来更好的结果，因为企业在制订流程的各个阶段时，它们将目前的最佳操作加入流程当中。这些最佳操作就是我们前两章中概述的关键成功因素，包括进行可靠的前期工作，开展客户需求研究，制订明晰及时的项目定义，寻求服务和市场的契合，提高服务质量，进行计划周密的发布工作等。

门径流程还包括质量控制检查点。它们也是入口，所有项目在这些入口处都要接受全面的审查。

- 该项项目是否按计划展开？是否准时？是否在预算内？是否确保了质量？
- 该项项目是否合适？企业是否继续对它投资？
- 该项项目的前进路线是否可靠？是否具备了合理的行动计划和所需资源？

在流程中，这些入口提供了必要的过关／淘汰和优先级决策点。企业在这些位置需要做出艰难的选择，没有前途的项目被淘汰。这些入口为企业提供了焦点，也使筛选项目的漏斗方法充分发挥作用。每个入口都有一系列明确要求的交付成果、一个过关／淘汰和优先级标准的列表以及一系列的产出（例如，一项批准的行动计划，包括下一阶段要求的交付成果）。

图4.1显示了一个可操作的门径流程。加拿大皇家银行（RBC）的商业银行部门就采用了这一特定的门径流程开发新服务。加拿大皇家银行是北美一家主要的金融机构，所拥有的资产超过1000亿美元，全球员工超过5万人。

初步评审　　概念评审　　对立项项目　　开发后的评审　　决定投放市场　　发布后的评审
　　　　　　　　　　　进行决策

构思　　初步分析　　详细调查　　　开发　　　　检测　　　　发布
　　　　　　　　（项目立项）

图4.1　加拿大皇家银行的门径流程

如果观察图4.1中的流程图，我们可以注意到，该银行在新产品开发流程中"正确地处理了正确的项目"（RPR为加拿大皇家银行的注册商标，本书得以授权使用），存在下列特征。

• 有一个积极的创意生成和捕捉系统，并且特别强调从客户那里得到的创意。

• 第一道入口，即初步评审，由产品经理、一些现场工作人员和技术专家完成。他们来自系统和技术部门，也有一些来自操作和交付部门。

• 存在着两个作业阶段。第一个是初步分析，一个快速而粗糙的阶段，企业从这一阶段可以得到非常初步的、花费不高的项目概况。第二个阶段是项目立项。这一阶段要求更加详细的、严格的市场研究和技术调查。这一阶段的最后结果是一个完整的开发项目。因此，进入入口3的是一个完整定义的项目，也是开发项目的一部分。

• 第三道入口是对立项项目进行决策，它同时也被称为"资金入口"，由银行中的高层人士来做决定。这一入口会为项目打开全面开发的大门。在这一决策点之后，要淘汰该项目会变得愈发困难。

• 第3阶段是开发阶段，举例来说，就是软件和系统的开发工作完成的阶段。在这个阶段中，企业也会对服务进行内部的初步测试。在该阶段结束时，企业会得到一个经过内部测试的、准备进行现场试验的新服务。

- 第4阶段是检测阶段，即确证项目是否有效。这里的任务包括内部测试的延伸、消费者现场试验和偏好测试、试验操作和交付，甚至包括在特定地点进行试销。
- 最后一道入口是决定投放市场。
- 第5阶段是发布，操作启动并且开始投入市场。
- 在投入市场后的6到12个月，企业会进行一次发布后的评审，以此评估项目的绩效并且与原有的目标做比较，该项目和新服务是否真的取得了成功？从中企业学到了什么可以帮助自身在下一次的项目上做得更好？直到项目进入发布后的阶段，该跨部门的项目团队会持续为该项目的结果负责，一直到发布后的评审。

该银行的门径流程是为了加快项目的开发而设计的。例如，明确定义的决策点和清晰的决策标准意味着企业可以更及时地做出决策，避免返工。该流程强调客户需求调查和可靠的前期工作，因此，在项目逐步向市场化迈进时，很少产生突发问题。跨部门团队的方法和敬业的项目领导者都可以帮助项目更快速地进入市场。最后，该流程是十分灵活的，通过撤销某个阶段和将入口合并，风险较低的和小的项目可以快速地通过这一流程。

‖ 企业应彻底改变新服务的开发流程

想象一下，你和企业的管理团队想要采取措施改进服务开发的流程。

你比照了采用上述相似流程的其他企业，并且确信，采用量身定制的门径流程可以为企业带来益处。同时，你一直有一种感觉，就是企业的新服务项目在很多方面有所欠缺——耗时过长、很多工作没有按原计划进行、没有准时进行；或者，企业缺乏聚焦——企业把精力耗费在过多的项目上，或者正在推进很多不良的项目。

因此，在彻底改变企业的创新流程前，企业首先考虑精心设计的新服务开发流程包括哪些关键的要素，它必须是怎样，必须做哪些事。仅仅拥有开发流程与拥有高质量的、世界级的创新流程有天壤之别。很多基础研究显示，仅仅拥有一个流程，即在各个阶段后有门径和评审点，根本无法提高新服务的绩效。相反的，该流程的本质，即它包括了哪些要素以及它是如何应用要素的，是将那些绩效最佳企业与最差企业区分开来的关键。

因此，企业开始建立任务团队设计开发流程之前，要仔细考虑优秀的流程应该包含哪些关键的要素。可悲的是，大多数企业都没有做到这一点。我们为成功者和失败者（包括项目团队和企业）的研究提供了一些要素，企业可以将这些要素加入自己的制胜战略中。

门径流程的结构

门径流程是一个概念性的和操作性的模型，它推动项目从创意到发布的进程。同时，它也是管理创新流程的蓝图，可以提高该流程的成效和效率。门径流程的方法是将创新流程分解为一系列特定的阶段和门径。每个阶段都包括了一系列指定的、跨部门的、同时进行的活动。进入各个阶段的入口称为门径。这些入口可以控制该流程，并且作为质量和过关／淘汰的检查点。基于阶段和门径的模式，这种流程称为门径流程。对美国的制造业企业而言，门径流程在新产品开发中占据了主导地位，而现在，越来越多的服务型企业也开始运用这一流程。

门径流程是基于大量管理者和企业的经验、建议和观察的，其中的数据都来自我们研究团队和其他人在该领域的研究。目前，该门径流程已经全部或部分地应用于世界各地成千上万的带头企业中。其中，很多企业提供了绝佳的"试验环境"，这可以进一步改善提高该流程。例如，门径流程的参与者参加定期的研究会议。在会议上，他们会交换彼此的意见并相互学习。

阶段

门径流程会将一个项目分解为独立的、可区分的不同阶段，通常是4个、5个或者6个阶段。和图4.1显示的加拿大皇家银行的商业银行部门所采用的RPR流程不同，图4.2显示了另一个典型的门径流程的模型。

• 每个阶段都包括了一系列同时进行的活动，它们由企业中不同部门的人员负责。大多数企业的门径流程都为各个阶段列出了一系列指定的、极力推荐的行动。

• 每个阶段都需要收集一些必要的信息，帮助项目前进到下一个入口或决策点。

• 每个阶段都包含了多个部门的努力，没有一个阶段是只属于单一的一个部门或功能领域的，不存在"系统的阶段"或"营销的阶段"。

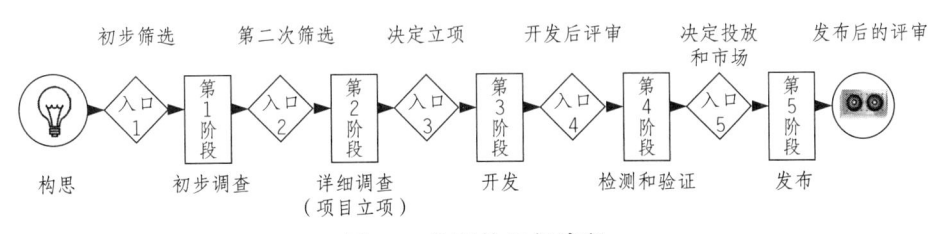

图4.2 典型的门径流程

构思 → 入口1（初步筛选）→ 第1阶段（初步调查）→ 入口2（第二次筛选）→ 第2阶段（详细调查/项目立项）→ 入口3（决定立项）→ 第3阶段（开发）→ 入口4（开发后评审）→ 第4阶段（检测和验证）→ 入口5（决定投放和市场）→ 第5阶段（发布）→ 发布后的评审

在该流程的早期，每个阶段的花费都比前一个阶段高。在门径流程中，企业会逐渐增加投入。例如，第1阶段可能花费5000美元，第2阶段花费5万美元，而第3阶段则花费50万美元，以此类推。随着投入资金越来越多，企业需要确保降低项目的不确定性并以此来管理项目的风险。请注意，风险与投入的数量和不确定性相关。该流程精心设计，希望在各个阶段能降低项目的不确定性。因此，当企业完成了第2阶段时，会比完成第1阶段时更加明智。由此可见，每个阶段都可以视作一系列的任务项，这些任务的目的是收集信息，以此降低不确定性和管理风险。

入口

在各个阶段之前，有一个决策点或入口。入口对于门径流程来说十分关键，当入口在前进时，该流程也跟着前进。这些入口是评审会议，也是作为过关/淘汰和优先级排序的决策点。在这些入口处，不良的项目会被剔除，资源会被分配到那些真正优秀的项目上。因此，入口是流程中的质量控制检查站。

各个入口的结构都是相似的。入口包括以下一些内容。

• 一系列指定的交付成果：这些是项目领导者和团队在决策点必须提交的内容。一系列完成的活动会带来一系列的交付成果。一般来说，每个入口都有标准的提交成果列表，列表会明确地定义项目领导者和团队需要提供什么。

• 评估项目的标准：这个标准的列表包括必须要解答的问题。项目会根据这些问题来评分（每个问题算一分），以此作为重要的信息，帮助企业做出过关／淘汰和优先级的决策。

• 产出：每个入口都有特定的产出，包括决策（过关／淘汰／暂时搁置／重做）、为下一阶段制订的行动计划（其中包括所需的人员、预计金额、人员和时间的预算以及时间表）和下一入口所需的一系列交付成果。

守门员

入口也会明确哪些人是做出决策的人或守门员，这是做出决策的关键所在。请注意，所有相关的决策者都会参加门径会议，并且他们会共同做出决定。这个要点容易被人忽视但却非常重要。这样，企业才能明确由谁来做出决策，不需要额外花时间去寻找或等待不同的管理人员的批准。

哪些人是守门员呢？他们一般拥有推动项目前进的资源，同时，他们有权力批准支出和分配资源。因此，他们属于管理层。从入口3开始，守门员大多数来自企业的管理团队。

制胜的战术：门径管理

我们快速地浏览门径流程，以便了解该流程是什么，它会做什么。我们以加拿大皇家银行的流程为例（见图4.1），这是一个相对典型的且优秀的流程。图4.3显示了加拿大皇家银行所使用的流程的前几个阶段，企业可以随我们走一遍该流程。在第五章中，我们会深入地剖析图4.2所示的一般的门径流程，企业可以根据自身对该流程进行调整。

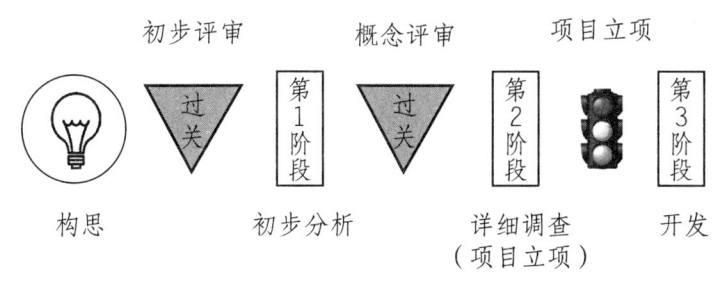

图4.3　加拿大皇家银行的RPR流程的前端

构思

即使该流程还未开始，第1阶段已经开始在提交创意了。所有的创意会进入创意库，该创意库是进入新服务流程的重要通道。企业会鼓励每位成员提出自己的创意，包括现场销售人员、客户管理人员、系统和操作人员、产品管理人员以及其他部门的人员。提交的创意记录在创意提交表格（用电子或书面的方式）。同时，这些创意会得到快速的评估，及时反馈。

入口1：初步评审

一组守门员每月会评审提交的创意。参会人员来自所有重要部门，产品管理、系统、操作和销售。

这里的第1道入口是初步评审。它所秉持的精神是"该创意看起来有价值。我们花一点时间充实它，然后评估它是否确实值得我们花更多的时间和钱"。在这里，企业不用投入大量的资源，因为入口1不是一个重大的决策点，也不需要做出完美的决策。

企业会采用客观的、明显的标准筛选创意。该创意库设定四个必须满足的标准，以及四个应该满足的标准。其中，必须满足的、有淘汰性质的问题关系到战略一致性、技术可行性等内容。同时，对于那些明显没有前途的项目，这些筛选问题可以将它们从讨论范畴中剔除出去。这些问题也可以用来评级创意，评级的标准是创意所需的一些特性，例如战略一致性、竞争性优势和市场吸引力等。企业根据得出的评级获得一个有吸引力的分数，并且用它来划分项目的优先级。

第1阶段：初步分析

构思后的第1个阶段是初步分析。在这个阶段，企业会对建议的项目进行快速的、高级的、花费不高的评估，以便在对其做出任何重大的投入决定前就能确定其可行性和商业潜力。该阶段的时间限制在1个月左右。

第1阶段包括以下活动：

• 初步的市场调查，主要包括案头研究。虽然该阶段仍属早期，但是企业也可能会从一些挑选的消费者和客户经理那里得到反馈。

• 初步的技术调查。这是概念性的工作，可以帮助企业制订出可行的技术方案并明确开发的成本、时间点和风险。

• 初步的品牌／法律／版权分析，以此来检查项目是否可以操作。

• 项目诊断，即项目优势和劣势的评估。企业可以采用New-Prod 2000模型。

• 风险和回报评估。

入口2：概念评审

第2道入口带来了更全面的、花费更高的调查。该概念评审阶段会比初始的概念筛选更为严格。正如第1道入口一样，守门员们是来自各个相关部门的代表，但会有更多的管理人员来参加。

和所有的入口一样，守门员们会根据一系列明确的标准评估项目。下面列出的必须满足的标准在各个入口处都是一样的，它们会将那些明显的失败项目淘汰出局。

- 战略一致性：该项目是否和银行的宗旨和目标一致？
- 技术可行性：该项目是否可以操作（系统和操作）？
- 营销可行性：它是否满足了市场的某种需要？企业是否有可用的销售／分配资源？
- 机遇：它是否是一个有吸引力的机遇，是否会带来销量和利润？

在概念评审阶段，企业也会运用六个应该满足的问题对项目进行评级、排序和确定优先级。这六个问题包括战略一致性、协同性（利用企业的核心竞争力）、竞争性优势、市场吸引力、客户反应和回收期。项目会根据这六个问题进行评分，并且要满足各个问题提到的标准。这些分数经过加权后可以得到一个优先级的分数。

第2阶段：项目立项

这个阶段的目的是准备一个详细的开发项目，这对支出决策（入口3）来说是十分关键。它旨在明确新服务的要求和规范，对项目的花费做出解释，制订出前进的路线。该路线图是一个详细的开发计划，包括服务发布和应用的高层次计划。

第2阶段包括多项跨部门的活动，活动内容如下所述。

- 准备一项详细的市场分析，包括客户和竞争性分析。

- 进行市场研究，包括使用者需求和想法研究，以及与使用者进行的概念测试。

- 进行详细的技术分析，以此评估所需的技术开发工作的各个方面。通过这一评估，企业可以得到高质量的技术规范、详细的技术开发计划以及90%确信度的开发预估成本和时间。

- 品牌／法律／版权的评估。

- 制订初步的行动计划：

　　——技术体系的计划；

　　——操作计划；

　　——质量保证计划；

　　——市场发布计划；

　　——销售计划；

　　——风险计划（意外事件）。

- 评估财务上的影响，包括对成本、成交量、价格、收入、交易、所需的开发成本和资源的影响。这些可以帮助企业得出NPV（净现值）的数值、IRR（内部回报率）和敏感度分析。

这里的关键交付成果是开发项目：该服务的定义、该项目的理由以及接下去的行动计划。

入口3：对开发项目做出决策

第3道入口，即图4.3中红绿灯标示处，是一道重要的资金入口。这是对项目投入巨大花费之前的最后一道关卡。它也代表着准备阶段的结束和正式项目工作的开始。第3道入口由银行中的高层人士把控，包括负责向项目投入资源的副总裁。这一次的门径会议由银行商业部门的高层管理者来主持。

在会议中，关键的议程项目主要是来自入口2的必须满足的和应该满足的标准（相关人员会重新进行审查，以此确保项目仍然能够"过关"），也包括信息的质量（该公司强调决策要基于事实）和项目在财务上的吸引力。门径会议的最后一部分是关于建议的行动计划和项目的资源分配。贯穿整个项目的组合管理和资源分配也更多地出现在这一门径中。

第3阶段：开发阶段

这一阶段的目的是调整上一入口通过的开发计划，制订不同的发布计划。第3阶段可能是一个耗时的阶段，关键活动如下所述。
- 该服务的实际开发（例如，软件代码和系统）。
- 操作手册的制订。
- 操作和系统测试（初步测试）。
- 对外部环境的持续监管，确保市场预期和产品接受度仍然是积极的。
- 测试计划的制订（为了下一阶段）。
- 行动计划的完善：
  —— 市场发布计划，包括战略、定价、分销渠道和服务、营销传播、发布控制；

  —— 训练计划，包括销售团队、消费者和服务人员培训的文件／材料；

  —— 销售计划，对销售额的预估；

  —— 操作计划，应用、服务的培训、使用者的记录、设备购置；

  —— 质量控制计划，计划的更新。

- 财务分析的更新（和第2阶段一样，但有更准确的数据）。

在这一阶段结束时，主要的交付成果是构建好的服务（已经过内部的测试），已修订的财务分析，下一阶段的不同行动计划。

入口4：开发后的评审

在第3阶段后，项目进入该门径流程的后半部分，如图4.4所示。在入口4处，重点会从"企业是否应该要进行该项目？"转换到了"该项目进展得如何？"在图4.4中，该入口代表了开发阶段的结束，同时也是商业活动的开始。它的第一项活动就是对消费者进行新服务的测试。这是一项连续的检查，它可以确保第3阶段的活动（特别是服务的开发和初步测试）顺利完成，确定该项目在财务上仍有吸引力，团队提出可行的上市计划。该入口的守门员仍然是那些批准项目开发工作的管理者们。

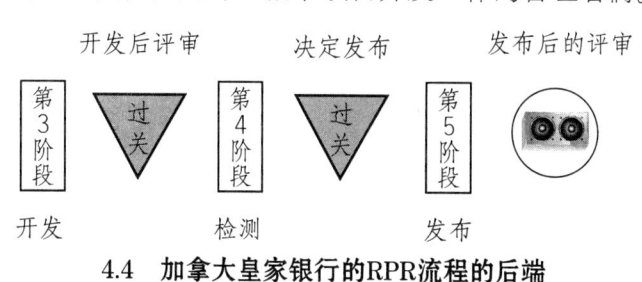

4.4　加拿大皇家银行的RPR流程的后端

由于开发后评审的重点改变了，过关的标准也同样改变了。企业要回顾原订的必须满足的标准，检查是否有重大的改变，但是，现在的重点是基于一个事实，即第3阶段已经成功地完成了，交付的成果良好，项目仍然在经济上具有吸引力。

第4阶段：测试阶段

这一阶段就在发布阶段之前，它会测试整个项目，使其生效。这一阶段的目的是确保软件和系统可以在现实情况下正常工作，服务的操作方面（例如，在不同网点和用户使用时）运行良好并且容易使用，同时，该项新服务本身是有利可图的。

第4阶段可能包括下列活动。

• 系统测试。

• 业务验收测试——产出和预期结果的比较。

• 各个网点的验收测试：

　　— 外部测试（和客户）；

　　— 消费者的贝塔测试；

　　— 消费者的试用。

• 市场测试和试销（向进行贝塔测试的消费者进行销售，以此确定价格和购买意图）。

• 计划和材料的更新，所有的发布计划（见第3阶段）。

• 财务分析的更新。

在到达发布入口以前，该阶段会提交几项主要的交付成果，包括经过全面测试的服务以及测试的结果、最终的发布计划、最终的财务说明。

入口5：决定进入发布阶段

这是流程中的最后一道入口，也是十分关键的入口。此处重点转移到了对于交付成果的检查（该服务是否能够有效？它是否能取悦消费者？）以及对于行动计划和所需资源的合理性评估。该入口的守门员与前两个入口的守门员一致，同样来自管理团队。

守门员们会重新审查原先必须满足的标准。接下来，门径会议聚焦交付成果，该测试阶段的任务是否全面的、有质量地完成了？企业会最后一次评估该项目的财务吸引力，检查发布计划的可靠性。

第5阶段：发布阶段

发布阶段见证最终的市场发布、操作和质量保证计划的全面落实。尽管发布阶段通常不是由项目团队的成员来落实（例如，客户经理和部门人员），但是项目团队和领导者仍然需要为其结果负责。同时，他们也负责确保发布计划的落实是有效的。

通常，发布阶段的活动会包括下列内容。
- 与参与应用的人员进行简要概述和沟通。

- 应用不同的发布计划：
  — 市场发布计划、销售计划、风险计划；
  — 操作计划、质量保证计划和培训计划。
- 管理发布活动的流程，在必要的时候进行修改、调整或做出改变。
- 准备发布后的评审。

在发布阶段之后，企业会得到一份关键的交付成果，即关于项目和取得结果的全面评估。

发布后的评审

这是流程中的最后一个关卡，它的目的是终止该项目。当发布计划成功落实后，这一阶段就开始了。作为前三个入口的守门员的管理者们会参与该评审会议。

发布后的评审会议会聚焦所得的成果和获得的经验。项目绩效会与之前两个红绿灯入口（见图4.3和图4.4）所做的推算进行比较，其中，重要的指标包括时间、花费、收入、利润率和利润，从中企业得出与预期的差异以及差异的原因。接下去，企业会针对该项目进行全面的事后分析，包括发生了什么事、可以学到什么、如何改进。

在这个时候，一个"过关"的决定会结束该项目。它意味着项目团队和领导者不再对该项目负责，同时，该项服务变成了银行产品中的一项"常规服务"。现在，你浏览了一个真实企业的真实开发流程。根据高层管理者的意见，该流程非常卓越，并且会带来积极的成果。但是，这只是一家企业采用门径流程的案例。如果企业想要使用类似的流程，我们将在第五章进一步讨论各个阶段和入口，以及流程的各个操作细节。这些内容可以运用于各种类型的服务型企业中。

‖ 哪些项目会通过门径流程

现在，我们已经描述了开发工作的路线图，包括从创意到发布之后的各个阶段。但是该路线图适用于哪些类型的开发项目呢？这是一个有争议的、不确定的问题，可是，我们无法避免这一问题。

一些企业希望事情保持简单，因此它们要求，只有那些"主要的"项目（由投入水平或工作量来确定）才需要通过这一流程。在这些企业中，较小型的项目会被单独处理。在另一些企业中，只有新服务的项目才需要通过这一流程，而其余的项目，包括改进和调整、流程的改进、平台和基础设施的项目等，都用别的方法处理。

这种处理方式的问题是显而易见的。首先，所有的项目都要争取相同的资源。如果门径流程是一个决策模型，它帮助企业做出过关／淘汰决策，进而分配资源，那么所有参与竞争的项目都应该在这一流程中。如果企业拥有的是资源决策模型，又怎能让许多消耗资源的项目处于模型之外呢？这会带来持续不断的问题。

案例：一家大型银行的产品经理抱怨，银行没有足够的系统资源开发新服务，因此他们跟不上竞争的步伐。事实上，银行中的很多项目有不同的来源，这些来源都处在门径流程外。其中的大多数是小型项目，它们消耗了差不多60%可用的系统和开发资源。这些小型项目的批准决策是由不同的管理者做出的，通常是用非正式的方式。这些管理者并没有意识到他们随意的批准会对整体的开发工作带来这么大的影响。最终的结果是银行开发管道堵塞，没有一个项目可以快速地完成。

在流程外处理项目会引起另一个问题，对这些项目来说，批准流程可能被视为不那么严格，因此，通过批准更加简单。所以，一些精明的项目团队可能把它当作一条获得项目批准的捷径，主动规避该流程。实际上，如果设定两个类别的项目，一类是通过门径流程的，而另一类在此之外，这就相当于鼓励项目领队去规避最佳操作的流程。

案例：一家企业设定了一个开支上限，即在25万美元以下的项目不需要经过企业的门径流程。两年后，一项对于项目组合的粗略评估显示，企业存在大量的小于25万美元的项目。此外，很多项目领导者将较大的项目细分为较小的项目，每一个都在25万美元的上限之内。由此可见，项目领导者已经找到了对策，不用通过门径流程就可以获得项目资金。

因此，我们建议，不论项目的规模有多大，所有的新的、改进性的服务项目都需要通过门径流程。我们对新的或改进的服务的定义是，只要消费者能注意到发生改变的服务，即为新的或改进的服务。这可能包括一些相当简单的、花费低的项目，例如服务特征的延伸和添加。可是，这些较小的项目也和较大的项目一样，需要经过相似的审查，因为它们加起来可能会消耗很大比例的可用资源。这些项目也需要放到总体的项目组合中，和别的项目一起竞争资源。因此，它们也需要通过过关／淘汰入口。

然而，这并不意味着较小的、花费较少的、风险较低的项目需要通过完整的五个阶段、五个入口的流程。在企业中强加这样的要求会使得那些一心遵守流程的人也开始想方法规避它。相反的，企业可以建立适用于自身的快速流程，可能是三个阶段的或两个阶段的流程（见图6.2），可用它来处理那些简单的、风险较低的项目。

那么，那些不属于新服务或改进的项目呢？它们也需要通过这个流程吗？这样的项目，例如流程的改进、基础设施项目或者平台开发，也会和新服务项目一起争夺相同的资源吗？针对这些项目，我们提供两种解决方法。

1.调整企业的门径流程，使它可以处理这些类型的项目（第五章会更全面地说明）。

2.或者同意在流程外处理这些项目。但是在此之前，企业要预先决定将多大比例的资源投入其他类型的项目中。这样的话，一旦资源的分配确定了，其余的项目就不会和新的／改进的产品项目竞争同样的开发资源了（第七章会更多地谈到资源的分配，我们也称它为战略桶）。

在流程中加入成功的因素

一个精心设计的新服务流程，如图4.1和图4.2中的门径流程，是非常有吸引力的，因为它包括了影响成功和速度的关键因素。在前两章中，我们强调了这些关键因素。

1.门径流程强调准备工作，或是开发前的活动。第1阶段和第2阶段，即初步评审和项目立项阶段，是进入开发阶段和入口3之前必不可少的步骤。

2.该流程跨越了多门学科和部门。一个授权的、跨部门的项目团队参与其中。每个阶段都包括了技术、营销、操作、甚至是财务的活动，这使得所有相关领域的人员都要积极地参与。这些入口也是跨部门的，这些守门员来自企业的不同部门，他们也是管理人员，拥有下一阶段所需的资源。因此，不同部门的高级管理层也可以保证拥有一致的战线。

3.平行加工法，即通过一种"橄榄球"的方法加速流程的进展。在各个阶段中，各项活动同时进行，而不是按顺序进行，各个阶段的参与者和行动之间有很多互动。和"接力赛"的方法相比，平行加工法有更多的活动是在一段给定范围的时间内完成的，从而也达到了节约时间的目的。但要注意的一点是，为了使平行加工法发挥作用，企业需要为项目提供足够的资源。

4.该流程的一个特征是强有力的市场导向。营销的投入从构思阶段就开始了，甚至在第1阶段以前。从流程的开始到结束，营销都是其中的一个重要方面。在第2阶段，企业会进行广泛的市场调查和消费者信息搜集，这些内容是服务设计和项目合理化的重要投入。即使在冗长的开发阶段（第3阶段），即服务逐渐成形的时候，企业仍然需要消费者持续不断地参与和反馈信息。

5.在流程中的第2阶段，即详细调查阶段，加入了项目定义的步骤。这个时候，企业会明确项目和服务的定义并给出合理的理由。这一定义会作为一项重要的交付成果提交到入口3，帮助守门员做出决策，否则，项目无法前进到第3阶段，即开发阶段。

6.该流程强调，企业要提供优质的、有差异的服务——它可以为消费者提供独特的益处，也有很高的性价比。在第2阶段中，企业会重视使用者的需求和想法的研究，以及贯穿整个流程的客户需求研究，虽然这不能保证带来优越的产品，但无疑可以提高它的概率。同时，门径标准强调优质性，这就剔除了那些一般的、平庸的项目，帮助企业重新将资源分配到那些有前景的项目上，这些项目为消费者带来满意的服务。

7.门径流程使企业的工作更加集中。流程中嵌入了入口处的决策点。这些入口可以尽早地将不良的项目剔除出去，使稀缺的资源集中于那些真正有价值的项目上，这样一来，优秀的项目也可以尽快进入市场。由于这些入口有确定的标准，可以确保企业开展合适的项目，即那些与公司战略一致且重要的项目，这些项目可以帮助企业利用（基于并且最大化）其核心竞争力，进入更有吸引力的市场，并且有希望提供独特的、优质的服务。

8.门径流程十分强调整个执行工作的质量。各个阶段的路线图都为项目领导和团队列出了建议的活动，因此，忽略关键任务的概率比较小。这些入口为流程提供了关键的质量控制检查站。除非项目满足一定的质量标准，否则无法通过其中的入口。

9.门径流程是灵活的，目的是为了加速流程的进展，但是没有缺乏一定的原则。那些准备阶段较长的活动可以向前推进，不同的入口可以合并，也可以撤销一些不必要的阶段，以使那些风险较低的项目可以快速通过该流程。可是，将原本规定的流程做出变动之前需要充分思考，降低风险。

10.最后，如果企业愿意，可以轻松地在流程中采用跨国企业中常用的标准设置。在一些跨国企业中，门径流程是跨越国界并且被世界各地的业务部门所采纳，入口的标准可以参照国际上的要求。项目团队和门径会议同样也是跨国的。

向世界级的流程迈进

许多服务型企业刚刚开始尝试门径流程。通信业和银行业的一些领头企业对于门径流程相对比较陌生。一些制造型企业，例如康宁公司、杜邦、乐高、北方电信、宝丽来公司、宝洁和其他公司在20世纪80年代的中晚期就已经采用门径流程。一些基准研究的调查显示，这些企业得到了非常可观的成果：产品更快地进入市场，更早地发现漏洞，更高的成功率，预算内更多的项目准时完成，更好的跨部门沟通，以及更高的消费者满意度。服务型企业在采用门径流程上的速度相对较慢，但是在美国、加拿大和欧洲，大量的通信企业、能源企业和金融机构已经开始采取措施，并且收获了其在新服务开发上的成果。

这些为数不多的金融机构和通信企业是门径流程的早期使用者，它们也取得了和制造型企业同样的积极成果。未来，期待更多的金融机构、通信企业、电力公司以及其他服务提供商们能够向其他行业学习，了解高质量、系统化的新产品流程会带来怎样巨大的利益。由于服务开发变得愈发复杂，企业也需要加速推出新服务，服务型企业愈发意识到，门径流程的方法不但合理，而且成了必需的流程。

书面设计一个门径流程并在流程中融入最佳操作和关键的成功因素不是一件难事。将其实践化则要困难得多。即使是那些管理有方的企业，例如康宁、宝洁、埃克森石油公司，也花了几年的时间才将门径流程成功地运用出来。根据研究结果，如果门径流程能够合理地运用出来，可以带来非常积极的成果。但是，将它运用出来需要时间，所以企业一旦采用门径流程，就要沿着跑道前进。企业要采取三个步骤。

步骤1：进行准备工作，并且明确流程的要求。这通常意味着企业要开展内部评估、检测问题、回顾性地分析过往项目、全面回顾文献或者与行业内或行业外的企业进行外部的基准研究。

步骤2：书面设计一个新流程。新流程在概念和操作上的难度比它看起来要高得多。仅仅照搬其他企业的模型（如图4.1的加拿大皇家银行）不是最佳的答案。要记住，新服务的开发可能是现代企业中最有挑战性和难度的工作，所以，设计其开发流程在逻辑上也是你会遇到最困难和最有挑战性的工作。

步骤3：应用部分。如果企业处理恰当，应用部分在步骤2中就已经开始了。应用阶段可以归纳出一系列的主要活动，包括内部沟通，确保每一个人都在同一战线，培训，将现有的项目纳入系统中，设立门径评审和确认流程的管理者，确定采用的指标，创建数据系统帮助项目组合的管理等。（第八章会更多地讨论如何应用这一关键主题。）

总　结

在新时代，企业所面临的一大重要挑战就是如何开发新服务。技术正在飞速地进步，从而带来了无穷的机遇：互联网上的银行业务和保险，针对零售商和企业客户的新式信息产品，新的电子传输渠道等。当企业身处一个更具有竞争性的、快速的、充斥着信息的世界时，客户的需求也在不断改变。那些成功开发出新服务的企业，即那些抓住市场和技术上的机遇的企业，会成为最后的赢家。那些选择忽略服务开发，或者无法把创新做好的企业，则会被市场丢弃。第二章和第三章中列出了一些关键的成功因素，这些因素将新服务开发中的成功者与失败者区别开来。企业要自问，是否已将这些步骤加入了新服务的开发方法中？如何加入？研究显示，在大多数情况下，企业的开发流程中都存在着一些重大缺陷。

门径流程在很多行业中都得到成功的运用，现在也逐渐地被一些服务型企业所采纳。本章详细介绍了这一流程，它可以帮助企业在开发和发布新服务时把关键的成功要素纳入其中。第五章会详细地展示企业如何将这一流程用于自身的新服务开发流程中。

第五章

如何获得成功的产品：从创意到发布的详细流程

How to Build a Winner: From Idea to Lauch, the Process in Detail

本章会更详细地介绍门径流程以及各个阶段和入口包含了哪些内容。本章的后半部分聚焦一些关键的问题，例如哪些项目需要通过该流程，如何处理合作和外包的项目，特殊案例的平台开发。本章还会讨论参与者，即项目团队成员和守门员的任务。最后，谈及门径如何发挥功用，以及游戏规则如何制订。

门径流程

现在，我们将该流程从头到尾走一遍（见图5.1）。

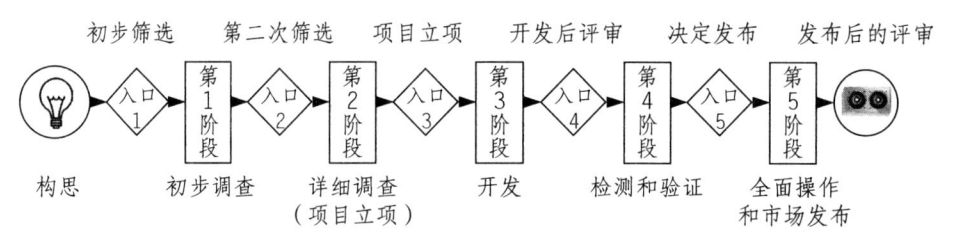

图5.1 典型的五个阶段、五个入口的门径流程

阶段1：创意生成（构思）

创意是该流程的原料或开关，它可以使流程继续，也可以使流程中断。不要期待一个杰出的新服

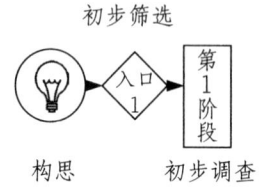

务开发流程可以抵消新创意中的缺陷。对绝佳创意的需求以及它们的高损耗率使得创意生成这一阶段变得十分关键，企业需要大量的、高品质的创意。很多企业认为构思阶段非常重要，所以他们将其作为流程中的一个正式阶段，并为创意的生成和获取建立了明确的、积极应对的系统。

企业在建立创意生成和获取系统时，注意四个要点。

1.确立焦点：在大多数的企业中，普遍存在的一个问题是，创意生成是每个人的工作，但是没有人对其负责。没有指定的员工负责获得创意，也没有指定的员工负责将创意付诸实践。因此，企业在建立创意生成和获取系统时，首要的是将激发、生成和处理新创意的责任委派给指定的人，这个人就是焦点。

2.确定创意来源：好的创意来自哪里？应该来自哪里？第二个要点是为新创意的潜在来源制订一张列表。

3.疏通路径：第三个要点是刺激并促进创意的流动。举例来说，如果企业已经确定了它的销售团队是有潜力的、但还没有被充分利用的创意来源，那么疏通路径的工作可能是在企业的下一次年度销售团队会议上进行一次创意竞赛，或者建立便于使用的创意箱，方便销售人员快速地提交他们的创意。图5.2列出了疏通路径和获得优秀创意的方法。

---

①进行边吃比萨边看视频的非正式会议，不同群体的客户可以和企业技术人员一起讨论问题和需求，集体讨论潜在的解决方案。

②将进行一次客户头脑风暴作为他们参观工厂的一项标准内容。

③邀请企业客户参加讨论组；请他们"体验"产品，企业定位产品中的问题和了解客户的愿望。

④建立客户小组，成员们定期见面，讨论需求、想法和问题，这些可能会带来新的创意。

⑤问卷调查企业客户，找出他们对企业和竞争者产品满意和不满意的地方。

⑥对已经接触过企业服务的客户，采用产品价值分析，请他们陈述观点、担心和问题。

⑦像惠普公司一样对客户进行"旁观者"的人类学研究。进行"生活记录"研究，你可以花费一天或者两天处于消费者的位置。

⑧观察企业客户是如何使用（或者错误地使用或者滥用）服务的。

⑨确定领先用户，即具有创新精神的客户，和他们紧密合作。这是MIT的埃里克·冯希培提出的。

⑩进行反复的几轮讨论，在一个房间内，一群客户主要讨论产品存在的问题；另一房间内，企业的技术和营销人员聆听问题，集中讨论解决方案。接着，建议的解决方案会立即在一群客户身上进行测试。

⑪雇佣可以发现潜在的新服务的销售和技术支持人员。培训、鼓励、激励他们提出新创意。

⑫有规律地调查竞争对手。分析其服务、战略和成功的秘诀。

⑬设置关键词搜索，有规律地浏览各个国家的出版物，包括关于新服务／产品的公告和新闻等。

⑭要确保企业的技术或开发人员会和销售人员至少每月一次一起拜访客户，当然不仅仅是解决问题的拜访而已。

⑮把贸易展和会议作为获取情报的途径，由此你能看到行业中所有新事物。

⑯让企业的技术和营销人员拜访供应商，和其技术人员一起找出新发现。

⑰在企业中建立并推广创意建议比赛，奖励好创意。

⑱企业召开团体创新会议——头脑风暴或者类比法。

⑲建立公开的、易使用的创意库。允许员工们对这些创意进行评审、提出建设性的意见。

⑳像宝洁所建议的一样，尝试"浸入法"，选择一个营业类别，让一些人全身心地投入到这一领域中，拜访潜在的客户，参加贸易展和会议，和专家沟通，阅读出版物。六个月以后，企业可能从中获取创意。

图5.2　疏通路径和获得创意的20个方法

4.设立创意获取和处理系统。可用信息技术（IT）支持该系统。图5.3所示的系统就是一个很好系统，包括下列特征。

• 创意的提交应该是易于准备的。提交者可以通过一个简单的、单页的邮件形式提交创意。

• 在一些企业中，创意是对外公开的（例如在莲花便笺——Lotus Notes或内部网上）。其他人都可以看到这些创意，可对其做出评论或提出建议。

• 建立创意筛选团队。他们会作为入口1（初步筛选）的守门员，每月审评创意。及时做出决策是十分重要的。

• 要确保入口1的团队采用一致性的公开标准，由此所做出的决策才是公平的。提交者也应获得相应的反馈（包括创意被拒或接受的原因）。

• 对提交者的反馈要及时，并且是书面形式的反馈，这是使用门径标准和评分表的一个绝佳理由。

• 过关的创意会进入第1阶段，因此要赋予入口1守门员足够的权力，他们可以在门径会议时做出分配资源和人员的决策。

• 为淘汰和暂时搁置的创意建立创意库（该创意库应对外公开，使企业的其他成员可以给其中的创意提出建议）。

• 表彰那些成功通过入口1的创意提供者。

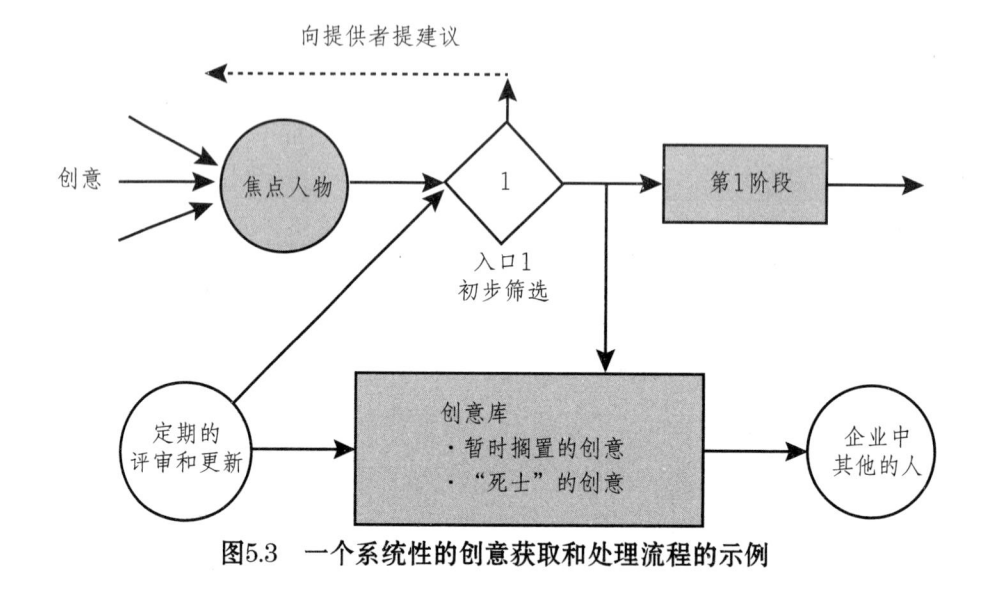

图5.3 一个系统性的创意获取和处理流程的示例

入口1：初步筛选

要向项目投入资源，第一个决策就是初步筛选，项目在这个时间点诞生。如果做出的决策是"过关"，该项目就会进入初步调查阶段。因此，入口1代表了向项目做出的暂定承诺：一个闪烁着的绿灯。

入口1是一道"温和的筛选"，它相当于将项目限定在一系列的必须满足的条件下。这些标准往往关系到战略一致性、项目可操作性、机会和市场吸引力的大小、竞争性优势、企业资源的协同性以及和企业政策的一致性。财务标准一般不在第一次筛选的范畴。在这一早期的筛选中，一张必须满足的标准的列表和一个评分模型（加权评级模型）可以帮助团队确定入围边界，以及对项目进行排序。

案例：通用电话电气公司（GTE）位于波士顿的网络系统部门采用了一个流程，该流程的初始门径有七个必须满足的标准。

- 战略一致性：该项目是否和部门的战略和愿景一致？
- 技术可操作性：在技术可操作性上是否存在合理的可能性——企业是否可以开发并提供该产品？
- 竞争原理：是否存在一个有竞争力的理由开展该项目？从防守或战略的角度看该项目是必要的吗？
- 杠杆作用：该项目是否利用（或基于）该部门的核心竞争力？
- 法律和道德方面：该项目是否满足法律和道德上的要求？
- 对于该部门的价值：项目是否会带来潜在的利润或积极的财务影响？该项目是战略创新吗？
- 项目障碍物：在这个时间点，有没有明显的项目障碍物或潜在的"变量杀手"？

在这个案例中，守门员包括技术和营销人员。在入口1或初步筛选会议上，团队成员会根据这七个标准评审创意，并且记在计分卡上。所有的问题都会用"是"或"否"来回答，只要有一个"否"就会淘汰该项目。

第1阶段：初步调查

初步调查是在初步筛选阶段之后的第一个且花费不多的阶段。它的目的是确定项目在技术和市场上的需要。第1阶段是对该项目的一个快速概览，一般会在少于一个月的时间内完成。第1阶段包括下列关键活动。

1.初步市场评估：在项目的早期，一个相对花费不多的针对该服务的快速的市场评估，评估可能的市场规模、市场接受度以及完善创意，使其成为一个明确的概念。大部分是调查工作，调查方式包括案头研究，通过不同的行业杂志、商业数据库和报道而进行的资料库和关键词搜索，利用内部的信息和人员，与一些关键客户或领先用户建立联系，创建由使用者和客户组成的讨论组，甚至是和一小群潜在用户进行的一次快速的概念测试。

案例：加拿大皇家银行在其流程的第1阶段加入了一个快速且花费不高的概念测试。新的服务创意可用一段或两段话描述出来，还有一个标准化的、由五个问题组成的问卷。这份问卷可以调查消费者的兴趣、喜好和消费意图，发送给10个销售人员。销售人员回答这份问卷，并与一些关键的消费者分享概念，听取他们的答案。这样一来，企业就用最低的费用，快速地从10个或者多达30个消费者那里获得了关于这个概念的反馈。

还可以尝试另一个选项，定期召开与企业用户、零售商用户（消费者）、潜在用户的讨论会，一起筛选和评审众多的新概念。组织讨论会的花费明显高于快速概念测试，但是，当企业组织讨论会评审5-10个概念时，每一个概念的花费相对就可以接受了。

2.初步的技术分析：这是快速的技术评估。成员们会提出一个技术解决方案、制订可能的路径以及评估技术的花费、时间和风险。这项工作大部分是概念上的：技术文献检索、利用内部的技术、进行头脑风暴和召开创新性问题解决会议、评审竞争性的解决方案、利用企业外的技术专家和供应商。

3.初步的商业分析：这是快速的财务分析，目的是基于估算的销售额、成本和所需投资来计算回收期，进行粗略的法律评估和快速的风险评估。

4.合作商／供应商评估：企业要明确它是否需要合作商或联盟。企业中管理商业联盟的部门可以帮忙确定有合作可能性的伙伴，初步筛选候选企业。企业如果选择合作的话，合作的流程应该在这个时候开始。它们会选择是自己生产还是购买（只有初步的评估），以及确定潜在的供应商（制造商、供应商和卖主的名字）。

由此可见，在第1阶段，企业可以用较低的花费和较短的时间收集市场和技术信息。企业会制订一个可行的、初步的财务分析，并将其推进到入口2。但是，由于精力有限和受项目规模的影响，第1阶段的活动往往由一个小团队（也许来自营销和技术团队）在不到一个月的时间内开展。

入口2：第二次筛选

在入口2，项目会经历第二次更为严格的筛选。该入口本质上是入口1的重复：基于第1阶段获取的新信息重新评估项目。如果项目在这里获得了过关的决策，那么它会进入下一个阶段。

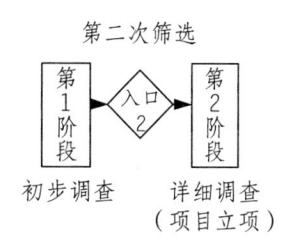

在入口2，项目需要重新回答在入口1处面对的一系列问题，包括项目必须满足的标准。此时，企业可能会考虑附加的标准，包括如何应对销售团队和消费者对新服务的反应，以及应对潜在的法律、技术和规则上的"变量杀手"，这些都是根据第1阶段收集到的新数据得出的。清单和评分模型再次在该入口处促进了决策的制订。在入口2，成员会分析项目的财务回报，但是只需进行快速的、简单的财务计算。

案例：PECO（宾夕法尼亚能源公司）采用了一项公认的标准，在其新服务流程的入口2处对项目做出过关／淘汰以及优先级排序的决策。

首先，该项目要面临一系列必须满足的问题。

• 提交成果检查：所有的提交成果都齐全了吗？它们都状况良好并且可以向前推进吗？

• 战略一致性：该提议的项目是否和PECO的战略和愿景一致？

• 法律、道德和核心价值观：该项目是否满足法律和道德上的要求？是否存在任何阻碍？

• 项目障碍物：如果有确定的潜在的项目障碍物（"变量杀手"），企业是否可以合理应对？

这四个必须满足的标准需要得到"是"的回答。单单一个"否"的回答就可以淘汰项目。

接着，该项目会根据一系列理想特征进行评级，评级范围从1到5。得分越高，代表该项目的吸引力越高。

和企业的契合度：

• 战略一致性。

• 企业能力。

产品或服务的优势：

• 独特性或差异性。

• 消费者吸引力。

市场吸引力：

• 市场潜力。

• 相对竞争优势。

经济：

• 回报（利润率）。

• 风险。

项目针对必须满足的问题所得的分数会进行加权汇总，从而得到一个项目得分。企业根据项目得分在第2阶段对项目进行优先级排序。

第2阶段：详细调查（开发项目立项）

第2阶段的项目立项为开发打开了大门。这个阶段要有详细的调查，以帮助企业在将更多资源投入该项目之前就能明确这项服务以及项目的吸引力。这个阶段还是一个重要的作业阶段。图5.4显示了在这一关键阶段的主要活动和事件。

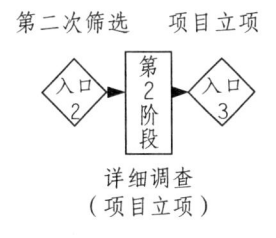

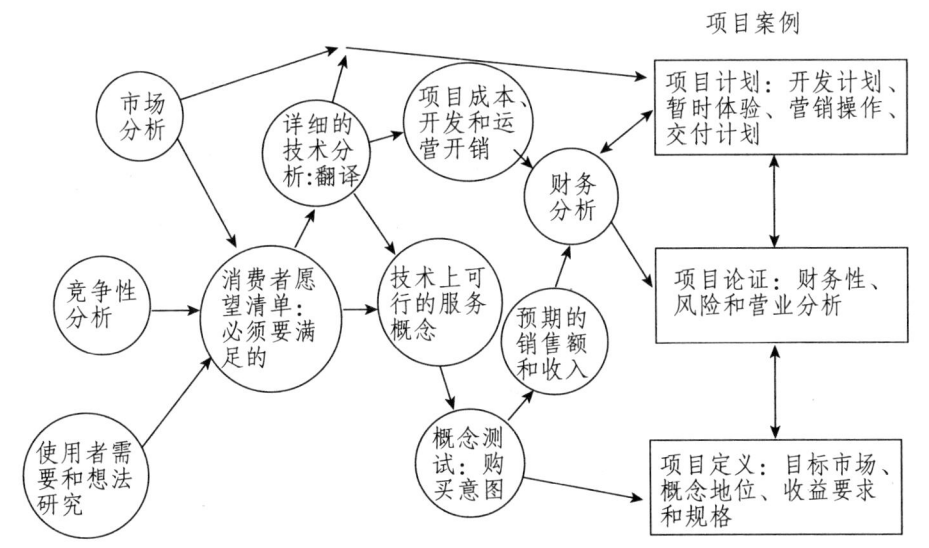

图5.4 第2阶段的关键活动：详细调查（开发项目立项）

1.使用者需求和想法的研究可以使创意更加具体，并使其成为制胜的新服务的概念。这一市场研究必须包含深入的调查或者与潜在消费者和使用者进行面对面访谈。由此，企业可以确定客户的需求、想法和偏好，喜好、厌恶和订单制胜标准，性能要求以及消费者的愿望清单。

2.使用价值的研究可对客户利益做出评估——该项服务会为客户带来怎样的经济价值？这往往需要对客户的使用模式、当前的解决方案以及各种成本进行深入的研究。

3.竞争性分析也是这个阶段的一部分。项目团队会调查直接的和间接的竞争对手以及它们提供的服务，以此发掘竞争对手的优势和劣势。他们也会研究竞争对手的营业绩效，以此来了解各个企业的运作情况、战略和竞争基础。这也可以帮助企业了解各个企业是如何竞争的，哪些是有效的，哪些是无效的。

4.在这个阶段需要概念测试。这意味着企业要向潜在用户展示该项服务的过程，以此确定客户的兴趣、喜好和购买意图（可对预估销售额和价格敏感度做出预估）。

尽管该项新服务还没有开发出来，但概念测试十分重要，因为它可以帮助企业识别出新服务的缺陷，同时，也可以帮助企业确定客户的购买意图，而这是预估销售额的一项关键要素。企业在测试中还可以测出价格敏感度。

5.进行详细的技术分析以关注技术的解决方案和项目的可行度。将客户的愿望清单转化为一系列具体的要求。企业应确定可行性的技术方案，即技术上和经济上的可行方案，也应确定开发成本、时间、技术上的风险，评估并处理法律和规章上的问题。

6.评估供应商。如果开发项目是外包的，例如由第三方的某个软件供应商处理，那么，企业需要评估解决方案和路径。

- 生产和购买的分析。

- 供应来源及其能力的分析（和供应商联系并一同合作）。
- 为了满足企业的需要并且融入自身系统，企业需要评估"现成"的产品进行定制化的程度。
- 成本、价格和时间点。

项目团队准备提案申请（RFPs），评估供应商的方案。同时，双方也会制订合适的保密性协议。一般来说，推荐供应商也是项目立项的一部分，这也是进入下一个入口时的一项重要提交内容。

7.操作评估也属于项目立项的一部分，企业应对操作事项、传输装置、操作和传输成本以及所需投资进行调查。这项工作涉及企业的操作和服务提供人员，因此要将他们纳入这一流程。此外，如上所述，如果操作环节被外包，那么需要评估生产的供应商资质。

8.项目论证也是项目立项的一部分。企业会进行详细的财务分析作为项目论证的一部分，使用现金流折现法（NPV与IRR或ROI的百分比），分析潜在风险的敏感度。大部分的企业都会采用一个标准的电子表格，并且将它在入口3、4和5中作为财务分析结果进行提交。

9.企业制订产品周期计划。这对于平台项目尤其重要，或者是当前的服务成为一系列相关服务的首例。项目团队会针对该项目、随后的不同版本的服务、衍生的服务制订未来计划，并且制订产品路线图，以明确下一个版本的服务的额外功能和特征、时间点。一些产品周期计划甚至会明确提出退出计划和日期。

10.进一步开发合作关系。企业会继续推进其合作流程。注意，很多企业现在已经拥有这样的流程或一套程序，其中包括一系列建立合作关系的任务。在此应对潜在合作商进行更全面的评审和筛选，开始确立合作关系。项目团队准备谅解备忘录（MOU），内容包括该合作关系会如何发展，双方会进行怎样的合作等。

项目立项：第2阶段的成果是为项目建立一个商业计划。商业计划包括三个重要元素，"什么以及为了谁""为什么""如何、何时、多少、和谁"。

1.这项服务是什么以及它的销售对象是谁？企业会确定该服务的定义并使其获得大家的认可。第三章明确了在开发工作开始前，确定明晰的早期产品定义是十分重要的。产品定义远远超过技术定义（规格），包括下列内容。

- 目标市场的详细说明：到底哪些人是预期的使用者？
- 描述服务的概念和所提供的好处。
- 描述定位的策略（包括价格点）。
- 服务特征、功能、要求和高水平规格的清单，按照"必须拥有的"和"希望拥有的"来对其进行优先顺序排序。

2.为什么要投资该项目？企业要制订一个全面的项目论述。这包括该项目的战略基本原理、财务分析和业务风险评估。财务敏感度分析讨论了一系列的"假使……将会怎么样"的问题，这对于企业做出风险评估十分有帮助。

产品周期计划也是项目案例的一部分。特别是对于那些可能带来一系列项目的首个项目，产品周期计划可以证明对这个项目的投入是合理的。

3.该项目会如何进行，何时进行，通过谁，以及花费多少？企业会制订项目计划。一般规则是，在各个入口，高级管理层都希望见到下一阶段的、详细的行动计划。这可能是详细的开发计划，也可能是暂定地从开发到发布的计划，同时，该计划中会标明临时的支出项目。

第2阶段要比第1阶段付出更大的努力，并且需要从各种来源获取所需的帮助。第2阶段最好由一个跨部门的团队来处理，而他们也会成为最终的核心项目团队。

入口3：为立项的项目进行决策

入口3也常被称为"资金入口"，这也是在进入开发阶段前的最后一道入口，即对其进行巨大的投入之前的最后一个淘汰点。项目一旦通过了入口3，它就会获得巨大的资金投入。实际上，通过入口3意味着"花很多钱"。入口3还意味着项目定义的完结。由于入口3的重要性，入口3的守门员们通常是企业的领导团队。

这项评估的定性方面包括对第2阶段各项活动的回顾。它会检查各项活动是否完成、执行的质量是否可靠以及对应的结果是否积极。每个入口都有一个预先明确的可提交的成果列表，以及入口质量控制员。守门员的职责就是检查这些可提交的成果，确定它们拥有较高的质量。图5.5显示了相对典型的入口3的可提交成果列表。该列表被一家电力和煤气公司——北方电力公司（NSP）所采用。企业的每一个入口都应该拥有类似的详细列表。

项目建议：过关/淘汰/暂时搁置/回收

人口3的可提交成果：一项完整的商业案例

1.行动纲要：
- 描述和项目价值
- 目的和目标
- 关键的成功要素
- 主要的里程碑和所需资源

2.商业案例细节：
- 新服务/产品定义
  - 新服务的描述
  - 目标市场
  - 特征、功能和益处
  - 定位战略
- 战略一致性
  - 战略契合度
  - 协同性
  - 对当前运营的影响
  - 外界因素的影响
- 市场评估
  - 市场机遇
  - 市场趋势
  - 市场份额
  - 目标市场和分别
  - 人口统计资料
  - 客户的需求和想法
  - 购买的影响因素

— 竞争性的环境和分析
— SWOT分析
— 新服务定位
— 新服务的竞争状态
—战略和渠道的分布
- 技术评估
  — 项目的技术基础
  — 专利问题
- 操作评估
  — 基础设施
  — 实施
  — 对现有操作的影响
  — 所需技术
  — 意外事件和退出计划
- 财务预估
  — 新服务成本
  — 定价
  — 收入、毛利润、净利润、现金流
  — 净现值、内部收益率、投资回收率、每股盈利
  — 敏感度分析
- 行动计划
  — 计划
  — 资源需求
  — 脱出轨道的开发和测试计划，包括融资需求
  — 推广的融资需求和发布的大纲

图5.5 到达入口3的可提交成果的样品（"进入开发阶段"的入口）

和入口2一样，入口3将项目限制在一系列的必须满足的标准上。最后，由于在入口3做出一个过关的决策会引起巨大的投入，因此，财务分析应成为该门径决策的一个重要组成部分。

项目被批准过关的要求往往是团队成员应严格遵守项目定义、项目计划以及前进路径的协议。在这道入口，企业会评审并通过开发计划以及初步的操作和营销计划。如果该项目被外包出去（或者一项技术方案是购买而来的），那么在这个时候，企业会检查并通过外包方提出的协议。企业也应指派项目团队，这个团队是要授权的、跨部门的且由有权力的领导所带领的团队。同时，企业也要投入相关的资源，包括人员和资金，并且提出下一入口应提交的成果列表。

第3阶段：开发阶段

第3阶段是开发计划的应用阶段。一些系统或软件的内部测试（Alpha）常常发生在这一阶段。在第3阶段结束的时候，主要的一项可提交成果是一个开发好的产品。该产品已经通过了内部测试，也经过了一些初步的客户测试。

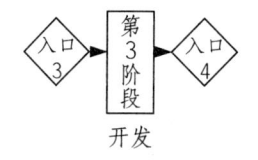

开发计划在入口3的位置已经完成了，可称为第3阶段的路线图。它应该包括下列内容。

- 按时间顺序进行的活动和任务列表。
- 显示这些活动从开始到结束的时间表。
- 各项活动或任务所需的资源，特别是所需人数、天数以及资金额。

- 在整个开发阶段要达成的各个重大目标。

在计划中，时间表是一项关键要素。制订的计划应包括各项要完成的任务以及截止日期。计划必须超出实际的，项目团队的成员需要付出努力才能达成目标。同时，它也必须是切合实际的。此外，如果企业目标是追求速度，那么必须严肃地看待截止日期。严肃地看待截止日期意味着团队需要严格地按照预先定下的日期行动，并且将其作为计划指南，而不是找各种借口规避拖延。客观上的推迟可以通过额外的投入资源来弥补，但不能有主观上的推迟。

第3阶段的重点是技术工作，它可以用来确定服务的详细技术规格并且推动自身的开发工作。就一些服务来说（例如基于软件的服务），企业应快速地制作出雏形，这样可以在开发最终服务之前就从客户那里获得反馈。同时，企业应对整体开发好的服务、系统或软件进行初步测试以确保该服务的功能跟预先设定的一致。

在第3阶段中，营销和操作的活动也应和技术工作同时开展。例如，市场分析和客户反馈的工作应与技术开发的工作同时进行，企业可以不断地获取客户的意见，以此完善开发中的服务。这些活动是反复进行的，也就是说各个阶段的开发的成果（例如快速的雏形、电脑显示器的样品、粗略的工作模型等）会由客户评估并提供反馈。

与此同时，企业应制订详细的测试计划、市场发布计划、操作计划、设备要求计划。并且，企业应更新原有的财务分析，并解决相关的法律和规章问题。

耗时的项目：对于那些周期长的项目，企业需要在其开发项目中加入多个节点并且定期评审项目。这些评审本身并不是入口，过关／淘汰决策不是在这里做出的。相反，这些项目节点应提供额外的项目管理和控制，开发项目中的各个检查点可以让企业确保该项目按时在预算内完成。如果一个项目接连几个节点都错过了，那么该项目就应被标记出来，项目领导者必须对该项目全面回顾（在图5.1的流程模型中，项目会重新回到入口3，此时守门员重新考虑继续开展该项目是否是明智的）。这样，在问题变得更加严重之前，企业可以通过各个重要阶段的节点确认该项目是否偏离了轨道。

第三方或供应商的项目：当项目涉及第三方或者供应商时，开发阶段可能就需要完成并签署协议。对于外包的或者签订协议的开发工作，项目团队在这一阶段需要和供应商的人员紧密合作，确保他们遵守时间表，遵守上述内部开发所设定的操作。

合作或联盟的项目：在第3阶段中，企业会继续开展合作流程。企业应明确如何更好地开展合作，明确合作双方的角色、责任，以及各方可提交成果与时间点等。合作双方同时工作，例如服务创建、制订测试和发布计划等。同时，它们也应讨论下一阶段的试行协议。

入口4：开发后评审

开发后评审是对流程和项目吸引力的检测。企业回顾检查开发工作，确保工作的完成质量以及已开发的服务的确符合入口3的要求。在该入口处，企业会基于新的、更准确的数据修订财务分析，重新回顾该项目的效益问题。

到了入口4，企业制订决策的重点会由早期入口的主要问题"企业是否该投资该项目？"转变为"该项目的进展情况如何？它是否按计划进展？"入口4和入口5的过关／淘汰标准反映出了这一变化。当然，入口3的一些标准，例如战略一致性和财务绩效会再次得到确认，但是在入口4，大部分的门径问题会聚焦如何成功地完成任务，企业如何获得积极的成果。

企业在入口4会为下一阶段准备测试或确认计划，并考察项目的经济问题。其中，企业应该进行下列活动。

• 内部测试：这是内部的扩展测试，用来测试控制条件下的服务质量、可靠性以及效果。

• 贝塔测试：包括使用者测试和现场试验。确认在实际使用条件下该服务的功能，衡量潜在消费者对该服务的反应——确认他们的购买意图和服务的市场接受度。

• 试验测试：试验并进行有限的操作和供应。测试、修改并验证操作和传输的流程，以此确定更准确的服务成本和水平。

• 市场测试：包括市场的预备调查和试销。在特定的地点或单一的销售区域进行一次小型的服务发布。这是对所有要素的测试，包括营销组合、衡量消费者的反应、测试发布计划的有效性并且确定预期的市场份额和收入。请注意，市场测试或试销会耗费大量的资金和时间，而它所得出的结果有时却可以通过别的方法获得，因此，这个方法不适合所有项目。

• 确认发布计划：所有的发布计划，包括市场发布、操作、传输、发布后的工作都应基于第4阶段的测试结果。

• 修改后的财务分析：企业应基于新的、更准确的收入和成本信息，确认该项目是否有持续的经济可行性。

案例：在推出一项新的、综合的客户服务和信用卡之前，某金融机构的开发团队打算进行一次贝塔测试，确保所有的事项都是按计划进行的。他们希望进行这样的测试时不向大众发行这一卡片，因此，他们的员工作为志愿者试用卡片一个月。在这个过程中，开发团队时刻关注技术现状，确保所有的事项都按照计划进行。他们还采访了使用者，确定该项新服务是否有效以及需要做出的任何改变。这个相对花费不高的贝塔测试帮助开发团队在实际使用情况下测试卡片，获得了非常宝贵的营销信息。

对于合作开发的项目，项目团队在第4阶段会继续开展其合作流程。在这个时候，企业会通过讨论商定出发布阶段的计划。

入口5：决定发布阶段

最后一道入口为全面的商业化打开了大门，这是市场发布和操作的全面启动，也是最后一个可以淘汰项目的关口。虽然一些管理者将这一入口当作摆设，但请注意，这道入口仍然是十分重要的，因为它标志着企业的管理团队百分之百地站在同一条战线上，全力支持该项服务的市场发布。

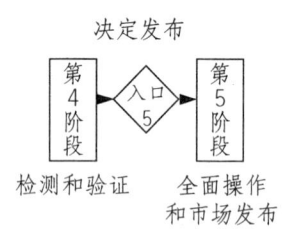

在这一入口，守门员会严格地考察测试和确认阶段的活动质量及其成果。通过这道入口的标准大都集中于预期的财务汇报，发布和操作启动的计划是否合适。企业会评审操作和营销计划，准备在第5阶段投入使用。

一些企业的高级管理层倾向在这个时候制订并批准发布后的计划。发布后的计划可以是短期的，其中大部分是处理如何监管发布阶段（企业会使用哪些绩效指标以及如何使用）的工作，并且在之后加入必要的修改。

注意，服务的产品周期计划关系到服务的长期阶段以及新服务的发布，它会作为项目立项的一部分被提交上去，并且在各个阶段得以更新。

第5阶段：全面操作和市场发布

最后一个阶段包括市场发布计划以及操作落实提交的计划。其他支持计划，如质量保证计划，也会在这一阶段开始执行。发布后的监管计划会在发布阶段的早期生效，企业会用一些关键指标评估该项目的绩效，并且项目团队也会采取应对措施。最后，项目团队会将更长期的产品周期计划的一些要素应用出来，例如所需的改进和新发布的服务及其衍生品。

没有一个项目会在发布阶段就运行得十分完美。但是，如果企业有了精心构思的行动计划，配有充足的资源（当然，排除掉一些不可预见的事件），那么我们就可以清晰地预见到一项新服务将扬帆起航，这意味着另一个巨大的胜利。

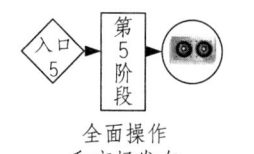

发布后的评审

在新服务商业化后的某个时间点（通常是6到18个月之后），新服务的项目必须终止。项目团队会解散，该项服务也会成为企业的一项"常规服务"。与此同时，企业会回顾该项目，将最新的收入、成本、开销、利润和时间点的数据与预期进行比较，以此来衡量绩效。企业会确认实际绩效和预期绩效之间的差距以及产生这些差距的原因。最后，企业会进行发布后的审计，这是对项目优势和劣势的重要评估，企业从中可知如何把项目做得更好。这次审计也意味着项目的完结。注意，在发布后的这一时间段直到发布后的评审，项目团队和领导者要一直对项目负责。

发布后的评审是项目中的一个重要审核点。但是，在大多数情况下，企业没有采取这一步骤。相反的，项目团队成员各行其是，而新服务则迟迟不出现。这样的做法是不可取的，原因如下：第一，责任没有落实——企业要坚持的一点是，项目团队需要向入口3、入口4和入口5的守门员汇报，全面地介绍他们已经取得的成果，并与预期做比较。第二，没有人了解该项目是否真正取得了成功。第三，不存在组织性的学习。

一些企业将发布后的评审分为两个部分。第一次小型的评审在服务发布后不久举行，它帮助守门员们了解最新的结果，同时，也会寻求支持和必要的资源，以便快速地调整方向。第二次是企业会在所有经营成果明朗化时进行最后一次评审。

参与者

在新服务开发流程中，各个参与者的角色和责任常常不太明确。这也是项目团队的领导者常常抱怨的问题之一。现在，我们可以考虑如何明确门径流程中各个参与者的角色和责任。

- 项目由一个跨部门的团队来进行，该团队由一个领导者来带领。
- 各个入口由决策小组看守，他们也被称为守门员，一般由企业中的高级管理人员或执行者所组成。他们"拥有"进入下一阶段所需的资源，也是该项目的银行家、导师和项目发起人。
- 流程管理者是流程的促进者、调解人和教练，即流程的"监护人"。他们的工作是观察该流程是否运作正常，以及项目团队是否进展良好。

团队和领导者

组建跨部门团队对于项目的成功及其快速上市十分关键。拥有跨部门团队不单单是随意地将一些人员分配到项目中。要取得项目的成功上市，企业必须在合适的时候委派合适的项目团队成员进行操作。真正意义上的跨部门团队要表现出下列特征。

- 合适的人员以及合适的职能：团队成员来自一些合适的领域，包括营销、系统（或技术）、操作、甚至销售团队。要确保企业可以尽早地将那些对于商业化阶段至关重要的人员（销售人员和操作人员）纳入该团队。
- 他们是有权限对其负责的：团队成员能对他们的项目做出适合的决策并且对结果负责。因此，他们负责提供特定的交付成果以及项目的最终结果。
- 专注并聚焦该项目：团队成员不会将精力分散到过多的项目或活动中。这意味着人员不单是分配到项目组中，还要投入特定的时间，即每个人应在该月中投入所需的天数。
- 致力于该项目的发展：团队成员对达成项目目标充满热情。这意味着他们是真正的项目团队，而不仅仅是出现在会议上的部门代表。

大多数项目会采用核心团队的方法。这个核心团队相对不大（最多五到七人），但是专注项目的发展。同时，团队也包括一些周边的参与者，他们会以兼职的方式提供资源、数据和帮助。此外，还有一些特定部门的成员也会参与其中，他们会向核心团队成员做出汇报。

项目团队的领导者对于项目成功是至关重要的，因此需要精心挑选。团队领导者可以来自任何部门，工作的本质和中心取决于团队领导者来自企业哪个部门。注意，人际交往能力和个人特质可能比相关技能更为重要（大多数的企业在选择项目团队成员时都犯了一个错误，选择的时候只基于人员的技术能力）。企业应该选择有这些特征的人作为项目团队领导者。

- 对项目有热情并且充满活力。

- 充满个人魅力并且能够将热情传递给别人。
- 意志坚忍不拔，即使是在困难的情况下。
- 拥有较好的人际交往的能力，是良好的沟通者、聆听者和冲突管理者。

在满足上述条件后，再考察他们的技术能力。
- 项目管理的能力。
- 技术方面的知识。
- 对客户的了解或者对市场的熟悉程度。

企业要好好培训项目领导者。项目的领导能力是一项习得技能。一个人第一次作项目领导者时可能犯很多错误，但是第二次就会比较得心应手，这里有一条学习曲线。因此，如果企业发现了一个有能力的项目领导者，就要采用奖励、认可以及额外津贴的方式，努力将其留在领导者的位置上。可惜的是，在一些企业中，项目领导者是一次性的任务，而且只是一个通往更好位置的踏板。

还有一点，对一些大型的项目，理想的情况是领导者要将百分之百的时间都投入其中。当然，领导者不应将精力分散到过多的项目上，最多负责两到三个项目。

一般来说，在项目周期中团队成员和领导者不会有变动，这样就不存在项目交接或者中断。团队的组成可能会随着时间而改变（从一个阶段到另一个阶段），团队的规模也会有所变化。但是，团队成员需要连续性，随着阶段的改变，大部分的团队成员仍然在各自的岗位上，特别是那些掌握关键知识的人员。随着时间的推移，一些特定的环境可能意味着团队的领导者需要调整，但是初始的团队领导者仍需在团队中，这样可以确保项目的连续性。

企业会在各个入口对团队成员、下一阶段的团队成员和发布时间进行确认，并且征询入口守门员的意见。如果必要，在某个阶段可能会增加额外的团队成员。

守门员

守门员会对资源分配做出过关／淘汰的决策，这对流程的有效性十分关键。那么，这些守门员是谁呢？显而易见，守门员的选择对每个企业及其组织架构而言都是特定的，但是企业可以借鉴一些经验法则。

- 第一条法则很简单，任何入口的守门员都有权力批准或否决下一阶段项目所需的资源，因为他们拥有这些资源。
- 这些守门员们必须代表不同的部门领域，因为项目需要来自不同部门的资源，例如系统、技术、营销、操作，也可能包括销售、采购和质量保证。只从一个部门领域挑选守门员团队是不太明智的。
- 从一个入口到下一个入口，守门员往往会有一些改变。一般来说，入口1，即初步筛选的守门员是一个小型的团队，也许是三到四个部门中最资深的人士。这个阶段的开销不大。然而，到了入口3，项目就需要大量的资金和资源，守门员往往包括更多的高级管理者，例如企业的领导团队。
- 各个入口处的也需要一定的连续性。守门员团队成员不应该有彻底的改变。例如，入口2的守门员是营销和技术部门的主管，那么在入口3的位置，他们就会和整个领导团队一起成为守门员。

关键的项目，即那些具有重要战略意义的项目，往往在早期入口就设置了一些高级守门员。高级的管理人员会强调："我们不希望看到有任何项目不经过我们的批准就开始，因为这些项目最终可能会耗费数百万美元！"在其他的一些企业中，领导团队非常乐意在入口3以及之后的位置评审项目，而让更年轻的团队在早期阶段做出决策，但是，领导团队仍然要了解早期决策。

在一些企业中，不同重要性的项目会需要不同层次的守门员团队。例如，加拿大皇家银行在入口3后有两个不同层次的守门员，针对那些更大型的、更有风险的、总花费超过50万美元的项目，企业设置一个高层的守门员团队，而对于那些风险较低的或规模较小的项目，则有一个中层的守门员团队。这个中层的团队也负责在入口2处为大型的和较小的项目做出决策。

最后一个问题是，企业是否该用相同的守门员团队处理所有的项目，或者各个项目是否应该有各自的守门员团队。Telenor（一家挪威的电信公司）规定每个项目都有各自的守门员团队，但其弊端是守门员们很快就成为指导委员会，并且为"他们"特定的某个项目加油助威，这样就不会有任何一个项目被淘汰。后来，该企业修改了守门员的设置方法，组建长期守门员团队，在入口3、入口4和入口5的位置评审项目，淘汰那些不佳的项目。

流程管理者

门径流程需要流程管理者指导流程的操作。无论一个流程多么优秀或者符合逻辑，它都无法落实自身，因此，它需要一个流程的指挥。以往经验显示，流程的推动是成功的一个关键要素。如果企业没有这样的人员（最好是一个全职的职位），那么不要期待流程会发挥作用。

流程管理者有很多责任，其中包括参加每一次门径会议，确保管理人员准备充分，保证团队拥有相应的可提交成果，确认会议按照规则进行以做出相应的决策。该管理者也负责指导项目团队，帮助他们排除路障。这个人员会记录相应的得分并保管重要数据，为企业提供绩效指标，也为组合分析提供信息。一般来说，处于流程管理者职位的员工会向高级管理者直接汇报。图5.6列出了几项流程管理者的具体任务。

设计入口

企业该如何设计并落实有效的门径会议呢？在这个部分，我们会谈论入口的目的以及一个好的门径系统的要求。我们还会讨论入口的设计：组织、标准、角色和门径的流程规则。

流程的管理者会……
- 带领整个企业的新服务流程的应用工作。
- 负责应用流程后的维护工作。
- 为新员工们提供培训。
- 在流程中作为一个提供反馈的关键点（例如在入口处和推广后评审的反馈），对流程做出必要的改进。
- 建立并维护流程的数据库和指标。
- 采用项目组合分析的方法为组合分析和门径会议提供数据。
- 在整个流程中追踪每一个新项目，衡量绩效和最终的成功。
- 为可交付成果设定实际的、一致的指南（例如模本）。
- 推进门径会议的进行。
- 担任项目团队的教练。
- 为项目团队服务，帮助移除路障。
- 建立并维护流程的文件（手册、指南和小册子）。
- 利用每一个机会推广流程的使用，寻求关键人员的参与。

图5.6　任务介绍——门径流程的管理者

入口的目的

在流程中，入口提供了不同的时间点，项目团队会在这些时间点对项目的质量进行评估。他们确保企业正在进行合适的项目，并且正用合理的方式处理它们。入口主要和三大问题有关：执行的质量、商业原理以及行动计划的质量。

• 执行质量：上一阶段的步骤是否保证质量地完成了？项目领导者和团队成员是否做好了本职工作？

• 商业原理：从经济和商业的角度看，该项目是否仍然具有吸引力？

• 行动计划：建议的行动计划和所需的资源（包括资金和人员）是否合理并且可靠？

这些是相互独立的问题，因此需要单独讨论。我们要考虑的一种情况是，项目团队出色地完成了任务，但是项目却被搁置了，其中的原因是有更好的项目需要处理。除非把"执行质量"和"商业原理"的讨论区别开来，否则该团队可能认为他们的项目被中断是因为高级管理层认为他们的表现很糟糕，所以进行了惩处。这当然不是真的！

入口的结构

入口和门径会议更有组织性，可以帮助企业的领导团队在制订决策的时候更加高效且有效。精心设计的入口和门径会议有一个共同的模式，其中包括以下三个主要的组成部分（正如第四章讨论的）。

可提交成果：项目领导者常常不明白高级管理层的期望。因此，他们来参加门径会议时往往缺乏高级管理层做出过关／淘汰决策所需的重要信息。由此可见，企业需要在到达入口处前就明确地指出可提交的成果，即项目领导者和团队需要在入口处提交的内容，这也是上一阶段的行动成果。项目领导者和团队的目标就是在入口处提供所需的成果列表。因此，企业需要明确各个入口处需要的可提交成果的标准列表。图5.5和图5.7显示了入口3（重要的"资金入口"）的一个典型的可提交成果列表。

- 详细的市场分析结果。
- 明确的使用者需求、想法和预期的好处（根据客户采访）。
- 概念测试结果和购买意图的数据。
- 竞争性分析（谁、市场份额、定价）。
- 初步营销计划。
- 技术分析结果。
- 可能的技术方案；明确的风险。
- 新服务的定义：目标市场、定位、价格点、产品需求。
- 确定可能的开发成本、时间点和资源。
- 可能的运营和交付要求。
- 对运营成本、设备和资本要求的估计。
- 对法律和规定的评估。
- 财务分析（内部收益率、净现值、每股利润、敏感度分析）。
- 下个阶段的行动计划（详细的）。
- 直到发布的暂定计划（将特殊的项目标记出来）。

图5.7 入口3典型的可提交成果列表（"进入开发阶段"入口）

标准：要做出明智的决定，企业的领导团队需要制订出门径会议时实际使用的决策标准。这些标准要清晰，并且所有的守门员都可以明确地理解。参照这些标准对项目做出过关／淘汰的决策，进行优先级排序。虽然各个入口都有所不同，但每个入口通常都有一个标准的列表。这些标准包括财务上的和质量上的，同时，它们也被分解成要求的（必须满足的）特征和期望的特征（应该满足的）。

产出：各个入口必须要有明确的产出。项目评审会议往往会给出一个模糊的决策。产出是门径会议的结果，同时包括决策和前进的路径（批准的项目计划、日期和下一入口所需的可提交成果列表）。门径会议会做出四个可能的决策（过关／淘汰／暂时搁置／重新再做），不能"推迟做出决策"。

- "过关"意味着项目被批准。同时，守门员会对项目投入所需的资源，包括人员和资金。
- "淘汰"意味着终止项目，即停止所有的工作并且不再向其投入时间或资金。
- "暂时搁置"意味着项目通过了门径标准，但是企业有更好的项目。因此，当前的项目无法获得足够的资源。暂时搁置的决策是一个优先级排序的问题。
- "重新再做"类似于一条产品线的返工，项目返回到原先的阶段，把它处理妥当。重新再做意味着项目团队还没有提供所需的内容。

‖ 门径标准的类型

每个入口都有守门员要采用的标准列表。他们会基于这些标准制订入口的决策，标准包括过关／淘汰和项目优先级。

- 必须满足的：这些是"是"或"否"的问题。单单一个"否"就意味着淘汰。企业常用的模式是制订出一个必须满足选项的清单。

• 应该满足的：这些是相当理想的项目特征，但是一个否定的选项不会淘汰项目。相反的，企业会对问题进行评分并且确定每一个项目的得分。评分模型可以很好地处理应该满足的问题。

注意，标准可以是数量上的（例如内部收益率超过22%），也可以是质量上的（例如项目的战略一致性）。

必须满足的标准通常包括战略性问题、可操作性问题和可用资源。例如：

- 新项目是否符合企业的战略方向？
- 在技术上它是否可行？
- 企业是否拥有所需的资源？

对以上任何一个问题的否定回答（例如缺乏战略一致性）都足以淘汰该项目。图5.8显示了一个典型的必须满足的标准清单。

- 战略一致性（与企业战略是否一致）。
- 存在市场需求（最小的规模）。
- 技术上可行的合理可能性。
- 服务和市场的契合度（满足客户的需求；存在一个潜在的市场）。
- 满足LER（法律、道德、规章）政策。
- 有积极的风险回报率。
- 没有障碍物（可能扼杀项目的可变因素）。

图5.8 入口1、入口2和入口3处典型的必须满足的问题

通过回答这些应该满足的问题，企业可以知道这些项目的相对吸引力。例如：

- 该市场有多大？
- 它的成长速度有多快？
- 新的服务在多大程度上可以利用现有的设备和技术？
- 新的服务在多大程度上有可持续的竞争性优势？

当然，在以上任何一个应该满足的问题上得分较低都不会淘汰项目。但是，太低的分数意味着该项目吸引力不大，不值得进一步去投资。图5.9显示了一些典型的应该满足的标准。

门径标准是为了守门员在门径会议上做出决策而制订的。当项目在会议中呈现出来，与会人员会逐个讨论门径标准，并根据这些标准对项目进行打分，给出结论。有些企业会在门径会议上采用评分卡或者电脑评分的方法，这样一来，项目所得的分数就会呈现出来，成员们也会进一步讨论其中的差异。

企业根据这些应该满足的要求评分项目（例如从1~5或0~10的区间），并且将这六个因素的分数加起来（加权或不加权）。

每个因素都必须满足一定要求才能通过。它们也是加起来（同样的加权或者不加权）得出项目得分。这一项目得分必须要满足最小的分数，并且用于项目之间的排名。

①战略性：
- 项目和企业战略一致性的程度。
- 项目对于企业的战略重要性。

②竞争性优势：新服务多大程度上……
- 为使用者／客户提供了独特的优势（而竞争对手的产品则没有提供）。
- 比竞争对手有更高质量的服务（按照客户衡量质量的方式）。
- 比竞争对手的服务更能满足客户的需要（服务和市场的契合度：客户需要、使用系统等）。

③市场吸引力：
- 市场大小。
- 市场增长率。
- 竞争环境（难度、强烈程度、在价格竞争上不激烈）。

④协同性（利用核心竞争力）：
- 利用企业的营销、分配和销售优势／资源。
- 利用企业的技术能力、专长和经验。
- 利用企业的操作和交付能力、专长和设备。

⑤技术可行性：
- 技术差距的大小（小的差距得到一个高的分数，例如已经存在技术上的解决方案）。
- 项目在技术上的复杂程度（不那么复杂会得到一个高的分数）。
- 结果在技术上的不确定性（高度的确定会得到一个高的分数）。

⑥风险回报率：
- 预期的利润率（重要性，用1000美元来表现的净现值）。
- 回报率（内部收益率或投资回报百分比）。
- 回收期——你可以多快收回你的初始花销／投资（按年来算）。
- 回报／利润／销售额估计的确定性（从"完全猜测"到"高度可确定"）。
- 项目是否是低成本和快速的。

图5.9 在入口3处的应该要满足的优先级标准（用0~10或1~5来评分）

管理层需要沉思的要点

各个入口都有三个主要组成部分。
- 可提交成果的清单（各个入口都有各自明确的清单）。
- 做出过关／淘汰和优先级决策所基于的标准。
- 产出：过关／淘汰／暂时搁置／重新再做的决策和批准的资源。

企业可以考虑采用一个必须满足的问题的确认清单，并将这些作为淘汰项目的标准。接着，针对应该满足的问题清单采取评分模式，以此判断项目的相对吸引力。企业要确保在门径会议中使用这些标准，逐个讨论其中的问题并得出结论。如果企业这样做了，那么企业的守门员团队就更有可能做出客观的、有依据的预测。

‖ 发挥入口的作用

守门员的角色和职责

守门员的一个关键作用在于推动最佳项目的快速上市。他们的任务是确保项目能够得到及时的、公平的出现机会，并且项目有制订好的目标、一致性的决策以及所需的资源和投入，同时，排除障碍。为了达到这些目标，好的守门员会采取这些行动。

• 制订及时的、坚定的过关／淘汰决策：守门员团队往往取消门径会议，或者没有及时做出决策。然而，他们总是最先抱怨项目周期太长，进入市场的时间长。

• 客观地对项目进行优先级排序：在门径会议中，项目需要优先级排序，这些排序是基于客观的、清晰的标准。这些标准会以事实为依据，而不只是守门员的主观意见。此外，门径会议上不容许有任何拉票和操纵意见的行为。

• 为接下去的门径会议确定清晰的可提交成果：可提交成果是基于各个入口的标准清单。但是，每个项目都有各自的特色，并且可能与标准的可提交成果的列表有差异。守门员需要对项目所需的可提交成果表示赞同，确保项目的领导者清楚地明白其中的要求。

• 投入所需的资源并确保它们的可用性：在入口处，企业需要做出投入资源的决策。如果门径会议上项目允许过关，但是却没有得到所需资源，这也是毫无意义的。我们讨论过，守门员是拥有进入下一阶段所需资源的人员。因此，他们能够在门径会议上做出资源分配的决策。

• 指导并强化项目团队：传统观念中，守门员是法官和批评者，但这一说法在某些进步企业中完全过时了。相反的，守门员是促成者、帮助者和指导者，他们提供资源和帮助，促进项目的快速执行。

• 为项目的执行质量制订高标准：守门员也是流程中的质量保证员，他们确保项目按照计划开展。某高级管理者这样说："作为管理者和重要的守门员，我认为我的角色不是法官或批评者，而更像是质量保证员。"

入口的流程

大多数的企业领导团队制订门径会议所需的流程并得出一致的意见。听起来这可能是一件微不足道的小事。但是，要让工作顺利开展，门径会议起到了很重要的作用。因此，领导团队需要花时间检查并制订入口流程。

入口流程一般包括如何呈现项目信息，项目是如何评估的，决策是如何制订的。注意，这些入口的决策十分重要。因此，企业可以采取的理想方法是让入口更有组织性，并以此提高决策的有效性。以下是一个典型的门径过程。

合理的流程可以确保高质量的门径会议

会议开始前

在门径会议开始前一星期，守门员会收到提交上来的可交付成果列表。如果在流程操作的某个阶段出现了一些重大的问题和障碍，守门员必须在会议开始前联系入口项目团队的领导者。

一定要举行会议。除非可交付成果没有准备好，否则不容许取消会议或者推迟会议。即使项目团队提出了淘汰该项目的建议，成员们仍然要进行会议。这会帮助项目顺利完结，大家讨论所吸取的教训或总结所取得的胜利。如果守门员无法参加会议，他们必须参与视频或电话会议。

整个项目团队必须都出席会议。（一些企业只邀请了项目领导者参加门径会议，这可能是有效的，但是却影响了整个团队的沟通）。另外，企业只能邀请一定数量的参与者，不能有某个项目的啦啦队或不速之客。

一些企业会为每次门径会议指定一名守门员负责人——这是一个轮换交替的位置。他的任务是配合项目团队的领导者处理那些未完成的事项或者门径会议之后的"剩余的零星问题"。

在会议中

每个项目团队有15分钟不间断的演讲。首先，团队要完成他们的演讲，然后开始提问。接下去是守门员的问答讨论环节。接着，入口的促进者会耐心地向守门员们解释标准清单。守门员们会检查项目是否符合必须满足的清单，然后对应该满足的选项进行评分，他们可以使用评分表。项目所得的评分通过投影仪呈现出来，守门员们会讨论其中的差异，最终得出一致的结论并做出决策：过关、淘汰或者重新再做。

接着，确定优先级水平，守门员比较考虑中的项目与企业进行中的现有项目以及暂时搁置的项目，以此确定它们的优先级水平。企业会采用多个不同的项目组合模型和呈现方式完成优先级排序（第七章会更详细地讨论项目组合模型）。最终，企业做出决策，项目过关，得到所需资源；项目搁置，等待所需资源。如果项目过关，那么守门员们会立即投入相关的资源——人员、时间和资金。

守门员讨论建议的行动计划，进行必要修改。最终，团队成员得到一个确定的行动计划以及下一阶段的可提交成果。同时，他们确定下一次门径会议的日期。

有效的门径操作

如果企业期望开发出成功的新服务，那么，企业的领导团队要努力建立一支有效的门径团队。最近的研究显示一些领头企业的守门员团队是如何取得成功的。研究人员询问了一些高效的守门员和守门员团队他们是如何获得好的绩效的，以下是他们问答的总结。

共性内容：守门员们团队必须齐心合作，达成一致。一旦他们做出了决策，所有的守门员都必须支持这个决策。领导团队的成员之间的意见一致是非常重要的。如果营销部长大力支持项目，而技术部长则持反对意见并且拒绝投入技术人员，这是完全没有意义的。

战略和标准：守门员们必须预先在一些重要事项上达成一致，其中包括营业战略和战略的重点领域，也包括项目评估的标准和坚持根据这些标准制订决策。

---

①守门员必须举行会议并且参与其中。不能推迟或者取消会议。如果某个守门员不能参会，其投票就是"通过"或者指定代理人为其投票。

②守门员必须阅读会议的相关信息，并为会议做准备。如果存在可能扼杀项目的可变量，要联系入口的推进者或项目团队，在门径会议上没有突发的事件。

③守门员无法要求可交付成果之外的信息或者回答：不要玩"我明白了"这样的手段。门径会议不是显示男子气概、政治影响力或者智力的场合。

④守门员不能干扰展示者。要给项目团队一段不被打扰的时间来呈现他们的项目。问题和回答环节必须公平，不能恶意攻击。

⑤守门员必须基于每个入口的标准做出决策。守门员必须回顾每个标准并且给出结论。每个守门员都应该使用评分表格。

⑥守门员必须遵守一定的原则：没有隐藏的议程；没有不可见的标准；决策要基于事实和已知的标准，而不是感情或直觉。

⑦所有的项目都必须公正一致地处理。它们必须不加区别地通过入口，不能特殊对待管理者的专有项目；所有的项目都必须满足同样的标准。

⑧决策必须在当日内做出。如果已经有了可提交成果，就不能推迟决策。

⑨项目团队必须尽快知道决策，而且必须是当面告知。

⑩如果决策是"过关"，守门员们要支持行动计划，投入相关资源（人员和资金），并且同意项目团队成员要投入的时间（注意：没有一个守门员可以推翻一个"过关"的决策或者否认已经同意分配的资源。）

⑪如果决策是"暂时搁置"，守门员必须试图寻找资源。该项目暂时搁置的时间不能超过三个月。要么推进，要么出局。

图5.10 典型的守门员"规则"

"游戏规则"：有效的守门员团队会制订"游戏规则"，并且同意将其贯彻执行。这些规则涵盖了守门员们的预期行为，同时，每个守门员、项目团队和领导者都要清楚这些标准。图5.10是过去几年来我们从不同的企业所收集到的规则样本。

优先级排序的方法：守门员也要考虑对项目进行优先级排序的方法。因为门径会议会对资源做出分配，守门员需要清楚地明白已经做出的投入——现有项目的优先级排序及其分配到的资源，以及暂时搁置的项目及所需的资源。

了解该流程：最后，守门员必须对其企业的服务开发流程有一个清楚的认知，在各个不同的阶段有哪些活动，特别是各个入口所需的可提交成果。

‖ 外包的项目和联盟

将第三方纳入流程是加速开发流程的一个路径。第三方的企业可以采用多种方法提供更加有效的、更划算的开发方式，它们甚至可能制造出企业原本无法获取的新服务。

外包的项目：企业常常因为一些理由无法独自完成一个项目的所有方面，而供应商可以为企业的新服务提供现成的系统或软件。例如，电话企业十分依赖软件和硬件的供应商,如北电网络(Nortel)、朗讯科技(Lucent)、西门子(Siemens)、爱立信(Ericsson)等。这些供应商会提供企业所需的技术和运作能力,帮助企业获得新服务。实际上,电话企业已经成为软件和硬件的整合者,也是相应服务的营销者。因此,供应商对于电话企业的开发流程具有十分重要的作用。

供应商们也会要求为消费者提供定制产品。实际上,他们是根据合同进行企业的开发工作。例如,当一家金融机构雇佣一家承包商开发一项新的网络借贷系统的软件时,该机构原本应自身进行的传统技术工作(编写软件代码)则大部分外包出去了,甚至连服务的操作和交付都可以外包出去。这可能是十分有效的开发或提供服务的方法,特别是当供应商具有某个领域的卓越技术、经验、能力,或者企业所拥有的资源有限。此外,一些较小的外部供应商似乎有能力比你的企业更快地完成工作,或许是因为他们规模更小,也更具有创业精神。

联盟:联盟的关系比上述传统的供应商-客户的关系更为紧密。这一类型的合作经营也称为伙伴关系,是另一条加速新服务上市的路径。

案例:一家电力企业要开发一项新服务——优质电源。它的概念是要确保客户在任何时间都能享受到电力资源,而且完全不担心断电。对于一些特定的客户来说(医院、银行、数据管理中心、电话企业),电力供给不足会给它们带来巨大的损失。但是,要提供这样的服务,该企业则需要和另外两方结盟:一家设备供应商(它可以提供柴油机或涡轮机和发动机)和一家承包商(它可以安装、操作并且维护备用的电力供应系统)。在这三家企业中,没有一家企业可以独力承担这项服务。

许多企业拥有采购流程(用来和外部供应商打交道)和联盟程序(用来和潜在的合作商打交道)。如果企业没有这样的流程、政策或指南,那么我们强烈建议企业要设置这些流程。注意，采购和联盟是遍布整个企业的操作，它们绝不仅限于新服务的开发。我们鼓励企业将供应商的关系和联盟的指南加入它的门径流程中。企业可以借鉴采购方法和联盟流程的步骤和操作，将那些与新服务特别相关的内容与企业的门径活动和可提交成果相结合。比方说，在本章的前面部分提到的详细流程中，你可能注意到其中的几个部分是特别针对联盟的项目，或者供应商在这些项目中发挥了关键作用。在每个阶段都有特定的一些任务，这些任务主要是针对供应商或联盟的合作商。

最后，如果企业自身不开发任何有形的产品，而是购买现成的产品作为企业的新服务，那么，也许需要的是一个缩减版的开发流程——图5.1完整模型的简易版本，如图5.11所示。这是一个传统的采购流程的模型和门径流程的结合。这一缩减版的模型已经在一些企业中被成功地运用出来，而这些企业自身没有进行任何技术上的开发。

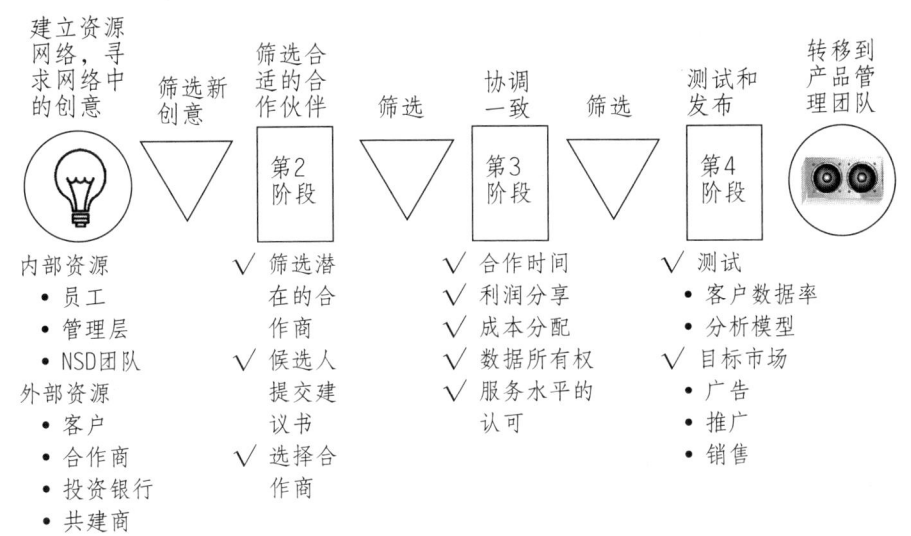

图5.11 对门径流程进行修改，使其适合外包的产品

平台：一个操作基地

美国产品开发管理协会的手册将平台定义为"在一个产品家族中的一系列产品共同使用的设计和部件，无数的衍生物可以从这一平台中衍生出来。"平台的原始概念很大程度上是基于有形产品的。例如，在克莱斯勒，发动机变速器的装配来自它的K型车的平台，这一平台又扩展到了其他车辆，包括著名的克莱斯勒面包车。

很多企业将平台视为有效的方法，它可以加速项目进展、降低开发费用、推动战略。因此，平台的概念自此扩大了，包括了技术和操作能力。例如，铱（Iridium）是一个技术或能力的平台，它为通信行业带来了许多新产品和相应的消费群体。

相似的例子是在海洋中的建设石油钻井平台。建设一个平台的初始投入很高，但是一旦建成，企业就可以较快地并且用较低的成本钻出很多孔。因此，平台可以及时并且划算地带来很多相关的新服务项目。一个银行要建立一个新的存款系统可能需要高昂的投资，但是这个存款系统可以作为一个平台，帮助银行推出一系列新的针对不同消费群体的存款产品。

由此可见，平台的概念十分具有吸引力。企业可以在一个平台上大量投资，然后在接下去的几年获得收益，从该平台中开发并推出一项接一项的新服务。正如一家大型电话企业的高级管理者所说："在不久的将来，产品开发实际上会转向平台开发——企业可以立即开发出一项服务并且能够推进到市场中。"

我们认为平台的概念如下所述：

平台是促成者。建设一个平台意味着投资一项能力、硬件、软件或技术，它会带来一系列的商业产品或可提交成果。这些产品可以是新的、改进的或者加强了的服务，或者是改进的或新的幕后流程或操作。

在新服务的开发过程中，平台的出现引出了三个新问题。

1.一般来说，与个别的新服务相比，平台的开发或购买需要更多的投资，对企业也有更广泛的、更长远的影响。因此，和传统的新服务开发项目相比，在平台开发上的错误决策会导致更严重的后果。

2.通常，由平台衍生出来的项目或服务定义比较模糊，或者在制订关于平台的决策时企业对其还完全不了解。因此，确定平台的参数，包括证明平台的投资是合理的也变得十分困难。

3.平台不只会带来新服务。单单一个平台也可以衍生出很多不同类型的项目。例如，除了新的或改进的服务和扩展，平台还可以带来改进的操作流程，或者更有成本效益的传输系统。

考虑了上述三个问题后，我们提出了三条建议。

1.在做出关于平台的决策时企业要更为谨慎。相对于独立的新服务项目，平台的决策更加具有重要性。因此，企业在决定是否要建设平台时需要采用更加严格的方式。实际上，这些平台的决策制订往往不那么严格。在决策流程中，平台的建立往往是基于未经证实的发展前景。这也是为什么我们建议企业要为平台项目建立门径流程，并且将平台作为企业开发项目组合的一部分。无可否认，项目过关的标准可以更加定性并且具有战略性（不是那么定量和财务性），但是，这些标准必须是明确的，而且必须是经过实践的。

2.平台的说明和参数要尽可能详细。为了让平台的定义和说明更加明确，企业可以试着说明平台会带来的头一个或两个产品（参照图5.12）。企业可以基于这两个产品进行市场研究、建立企业的商业案例、证明财务上的合理性。接着，一定要预测该平台可能带来的额外的服务。在早期阶段，这些额外服务的定义可能有些模糊。但是，企业仍然可以将其加入企业的商业案例中，这样可以促进平台的开发，证明它的合理性。当然，只基于头两个衍生出来的服务，企业无法证明平台的开发是合理的，也无法明确平台的参数。但是，知道未来会出现更多的服务可以帮助企业更加明确它的定义。

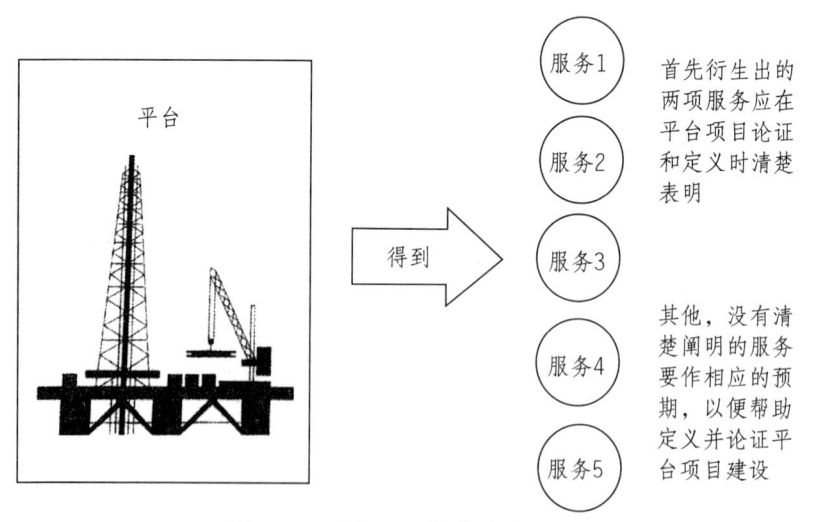

图5.12 平台可以带来许多项目

3.企业要认识到，不只存在一种类型的平台。这一点会让情况变得更为复杂。最近有一项针对几家电话企业和金融机构的新服务创新的研究，该研究确定了三种不同类型的平台项目。

• 平台类型1：为了提供新服务或者现有服务的新特征和新功能而设计的，它的目标对象是外部客户。例如，上文提到的新的存款平台，企业可以从这个平台中获得新的、为不同消费群体提供的存款服务。

• 平台类型2：为客户指定的服务提供支持，如新的客户计费系统。

• 平台类型3：为企业内部的管理层提供的一个系统，例如帮助销售人员的一项新的信息系统。

类型1和类型2的平台可以由类似于图5.1所示的一般的门径流程来处理，但是流程中的一些重要细节需要进行修改。类型3，也常被称为内部的基础设施项目，则属于一个相当不同的类别。它很可能需要为客户量身定做开发流程。我们建议，企业可以将类型3的基础设施项目从常规的项目组合中剔除出去，为这些项目建立一个独立的资源"篮子"，运用那些为它们定制的流程。

处理平台项目

要处理这些平台项目，特别是上述的类型1和类型2的平台，企业应该对图5.1的一般开发流程做出哪些必要的改变？为新平台设计的流程一般比产品开发流程更新，很多企业还在对其进行验证。根据研究，我们为类型1和类型2的平台项目（为了提供新的或改进的服务，或者为一项服务提供支持系统）提出了建议。

1. 针对这些平台开发项目采用一个修改过的门径流程（参见图5.13）。

2. 保留图5.1所示的阶段和入口的结构，并且使用相同阶段和入口的名称，以免使用者混淆。将这一流程与企业的标准开发流程合并，如图5.13所示。

3. 修改各个阶段中的一些活动，使其适合平台项目。

• 在第2阶段，要求项目团队预测两个来自该平台的具体新服务或产品。同时，对这两项预测的服务进行市场调研，调查使用者需求和想法，测试竞争性研究和概念。

• 测试在第2阶段，除了这两项预期的服务外，坚决主张在产品周期计划中加入预期未来会产生的服务。为平台制订一张产品路线图，可显示未来的新服务、功能和上市时间点。将产品周期计划变成入口3的一项重要的可提交成果。

• 在第2阶段，调整财务分析的方法并且使其反映出一个事实，即平台所带来的所有服务和产品的销售预测、利润和成本都无法准确地描述出来。在这个时候，企业可以采用敏感度分析（假使……将会怎么样）以及制订替代方案（如果该平台带来了以下的新服务，那么……）。

• 在一些企业中，平台项目的最后阶段的开始和开发流程的初始阶段相融合。这样一来，一些新服务或其他的项目则会同时进行。

• 在第2阶段，企业可以采取行动研究这一问题，如果企业目前没有投资该平台，那么会有哪些后果呢？

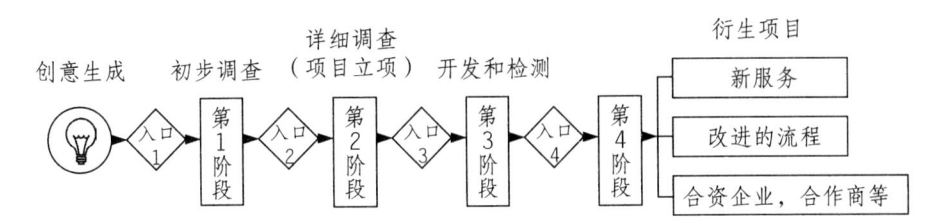

```
                详细调查                              衍生项目
创意生成  初步调查  （项目立项）  开发和检测      ┌─ 新服务
   ○  →入→ 第1 →入→ 第2 →入→ 第3 →入→ 第4 ─┼─ 改进的流程
         口1  阶段  口2  阶段  口3  阶段  口4  阶段 └─ 合资企业，合作商等
```

- 初步市场评估   · 确定可能的衍生项目   · 详细的平台参数   · 创建新服务的开发流程
- 大致平台要求   · 使用者需求和想法研究 · 详细的开发计划   （门径流程，见图5.1）
- 初步技术评估   · 竞争性分析   · 开发/购置平台   · 创建新产品开发流程
- 明确资源、供应商 · 详细的技术评估   · 市场调研—完善产品定义 · 创建合作流程
- 大致成本和时间   · 市场和购买力分析   · 使用者概念测试
                    · 供应商资质和选择   · 阿尔法测试
                    · 详细的项目定义、要求 · 开发前进路径明确
                    · 经营论证   · 衍生的项目

图5.13　平台开发流程

4.调整入口标准。很明显，当未来的服务不那么明确时，财务预测是基于模糊的数据，因此可靠性有待商榷。因此，推动平台项目前进的关键标准不应该完全基于财务上的数据，而应该是战略上的标准。简单来说，为平台计算其净现值，并且将这一净现值作为平台做出过关／淘汰决策的一项重要依据，这是十分天真的做法。相对来说，战略性标准是更为相关联的，该平台在战略上的重要性和战略影响力（例如它会带来哪些服务、它们的竞争性优势和持续性如何）。这些是定性标准，无疑会为守门员团队的决策带来巨大的挑战。

5.在组织上，该流程很可能会涉及几个营业单位。一般来说，一个新服务的流程往往局限于一个营业单位，而平台项目则可能影响到几个营业单位。此外，它可能需要几个营业单位共同预期相关的产品，以此确定投资该平台的合理性。因此，这里的守门员组成（守门员包括哪些人）和团队结构（这些参与者来自哪些单位）会超越传统的组织边界。

总　结

本章详细地介绍了什么是门径流程，以及在各个阶段和入口所发生的变化。我们详细地描述了各个阶段和各个入口，帮助你理解各个阶段和入口所包含的活动。一旦企业清晰地了解各个部分是如何发挥功效的，就可以更好地设计适合自身的流程。此外，我们还介绍了联盟和合作的方法。如果企业采用了这样的方法，那么就要好好考虑如何将这些内容纳入企业的流程中。

流程中的人员也是本章介绍内容之一。企业如果缺乏有效的流程领导团队和管理人员，很难将新的流程融入自身的组织中。一个好的流程只是第一步，企业需要考虑人员这一因素。毕竟，流程是为了让员工工作得更轻松，同时帮助企业达成它的新服务目标。

第 六 章

问题和挑战：
创新流程中的新方法

Issues and Challenges:
New Approaches
in the Innovation Process

时代正处于快速变化中。周围的世界也正在以令人眩晕的速度改变着。同样的，要想在商业中取得胜利，我们所采用的方法和操作也要不断改变。这一变化在创新领域尤为明显。随着创新的步伐越来越快，管理创新流程的方法也需要改变。

本章着重讨论四个关键主题，它们已经成为未来新服务开发是否能够取得成功的重要因素。

1.因特网和电子商务（e-commerce）像暴风雨似的占领了商业领域。本章的第一个主题是电子商务对企业开发和推出新服务方式的影响。

2.根据美国产品开发管理协会的最新研究，一些绩效最佳的企业已经开始使用第三代的开发流程。我们要了解第三代流程的六个F，该流程与第四章和第五章概述的流程有何不同。这是第二个主题。

3.速度，即快速进入市场的能力，已经成为一项新的竞争性武器。第三个主题关于周期时间的缩短。我们会介绍一些已被证实有效的方法，它们可以大幅度地缩短项目从创意到发布的时间。

4.俗话说"可以衡量的工作才能完成"。指标是指衡量所得的结果并评估它在服务开发上做得怎样，它不但是创新成功的基础，也是改变的基础。企业想在创新流程和操作上取得进步，指标是非常必要的一个因素。

‖ 主题1：电子商务对企业开发流程的影响

因特网和电子商务为服务行业带来了很多新机遇，也带来了巨大的挑战。一个很明显的机遇就是新服务的推出可以利用电子商务的渠道。同时，它还带来了一些启示，而这些启示对营销和销售具有潜在的、更重大的影响。

更加直接的传输渠道：通过因特网，供应商直接把商品销售给最终用户或最后的消费者，省略了传统的中间环节，可称为"去除中间化"。

据估计，美国22%的汽车是通过网络销售的。这对通用汽车（通用汽车的优势是遍布各个角落的经销商）意味着什么呢？对于那些使用传统销售渠道的个人计算机制造商（惠普和康柏公司）而言，戴尔公司和捷威（Gateway）的在线销售则给它们带来了巨大的威胁。嘉信理财推出了在线的股票购买服务，目前，企业一半以上的交易都是通过这一渠道完成的，这使其他证券经纪公司十分担忧。与此同时，亚马逊网站也重新定义了业务，开始在网站上销售书籍。

这里的重点是，现在的市场发布、渠道、营销的方法和几年前大不相同了。现在，通过网络销售的产品和服务有银行业务、证券投资、保险、手机和其他电话服务、小包裹的运输、旅行和旅游等。如果企业的新服务有可能通过网络来销售，那么，你的竞争对手们很有可能已经准备在网络上发布产品了。

这一点很好理解，服务是无形的，它们特别适合通过网络进行交易。当你要买一件有形的产品，例如一条裙子、一套外衣、甚至一辆车，你很有可能希望在做决定前先试一下：试穿一下或者试驾一次。但是，客户们在购买新服务时一般不会要求尝试一下。因此，服务特别适合"未经严查、长距离的购买"或者电子商务。

下列内容是电子商务对企业的新服务发布计划所具有的含义。

• 至少，企业在新服务的开发过程中需要认真考虑电子商务和网络这一选项。好的一面是，这一选项为企业打开了所有可能的新渠道，可能为企业带来竞争性优势和增长的销售额和利润。不好的一面是，企业的传统渠道可能会被淘汰，无法再用于接下去的产品发布。

• 企业可能需要从根本上重新思考其传统营销计划。例如，对于一些产品，网络可能变成了一个实时的拍卖，这意味着企业的定价战略需要做出调整。有人可能会期望，在服务推出的时候，价格是不固定的——客户的需求（或缺乏需求）可能会在产品发布阶段引起实时的定价调整。要达到这一点，企业需要在发布时建立实时的、在线的定价学习模式。

• 企业的广告和促销必须有所改变。在传统意义上，企业通过大众媒体和直接的邮件来控制广告。但是，网络改变了这一切。现在，消费者更能够控制他们接收信息的数量和种类。轻轻一点鼠标，消费者就可以从你的信息转换到竞争对手的信息。让人更加不安的是，消费者和企业都开始从互联网上寻求产品的信息，这意味着传统的媒体越来越处于次要的位置。1999年，宝洁，世界上最大的广告客户之一，预计将其广告费用的2%~3%投入到互联网广告上。在接下去的几年内，这一数字会以10倍的比例增长。

不再有地理上的垄断：即使你是城中的唯一一家银行或旅行社，或者是大都市中的一家大型证券公司，也不能保证你会得到市场或客户的信赖。通过电子商务，国家另一端的服务供应商，甚至是别的国家的供应商，也可能侵占你的市场。同样的，你也有途径进入它们的市场。这也为创新者提供了一系列的新的市场机遇。

案例：ING是荷兰的一家银行，它组织了一次网络营销活动，成功地吸引了加拿大客户。通过电视广告和一个网站地址，该银行在短短的时间内就获得了六万个零售客户，而这些客户原本都使用加拿大境内的银行。

启示：对于服务业的成功创新者而言，排除地域限制意味着巨大的潜在利润。在传统意义上，服务性企业受限办公场所和店铺的地理位置，但现在的情况已经发生了改变。地域上的自由为企业的新产品打开了巨大的潜在市场。这也意味着企业需要更频繁地、更快地创新，因为现在企业的竞争对手可能来自任何角落。

即时为客户定制：随着电子商务的发展，企业几乎可以即时地对服务和产品进行修改，为客户量身定做。戴尔电脑就见证了这一点。通过互联网，消费者可以选择存储容量、处理和调制解调器的速度以及驱动器的类型，以此设计自己想要的电脑。这一点是大多数的电脑零售商所不具备的。对大多数电脑零售商而言，他们提供的是标准型号的产品，并且让客户"接受所提供的"。

启示：电子商务使服务供应商们提供范围更广的服务组合，同时，这些服务组合拥有数不尽的特征。在理想的情况下，客户可以设计自身所需要的产品或服务。这一细分市场就变成了一个单一的客户。如果企业可以服务这个单一的客户，它就为企业提供了巨大的竞争力优势，因为很多竞争对手针对的是更广的市场，采用的是"固定组合"的方法。

案例：一个客户最近拜访了北美一家大型的私人银行，询问关于高端服务产品的信息。销售人员为他推荐了一个服务组合，它需要支付额外的费用，并且包括各种类型的服务。销售人员强调，客户可以拿到高额的个人贷款。该客户解释，他目前没有贷款需求，一般也不借钱。他的业务可以为他带来持续不断的现金流。该工作人员继续解释，这个私人银行服务可以提供优惠的贷款利率。客户进一步解释，他不想要借钱，他只想咨询投资和投资服务的内容，特别是在国际市场方面的。最后，银行工作人员承认，这一服务组合中没有包括这方面的服务。潜在客户随即离开了。

这家银行想出的固定的服务产品，可能是基于全面的市场调研。但问题是，该银行只是针对了这一目标市场的普通人，设计了这一服务产品。他们忽略了不是所有人都是普通人。想象一下你有一家银行，你能够为小型企业客户提供各式各样的产品，即你"把产品设计放在了客户的手里"。客户只选择（并支付）那些他真正需要的产品。这对客户来说多么划算啊！而对你来说，这是多么大的优势啊！

最终，企业也许能够在推出服务的同时快速对其调整，就好像是实时设计服务一样。例如，企业可以发布版本1的新服务，然后让客户通过网络进行不同的选择。在企业的网站上，其中的一些选项可能还没有公布出来，但是，通过记录客户对特定特征或选择的"投票"，动作迅速的制造商可以设计并推出版本2的服务，满足这些客户的要求。这一实时开发的服务为应对市场需求提供了很大的优势。

"虚拟的"市场测试：电子商务意味着企业可以了解客户的要求并用"虚拟的产品"进行概念测试。网络技术的一个优势就是开发商可以不通过实际服务就能获得消费者对服务或产品设计的意见和反馈。第五章概述了企业在第2阶段可以采用的使用者需求和想法研究以及概念测试。这两项都是重要的活动，但是它们也需要花费大量的资源和时间。想象一下，有一天企业可以用电子技术来完成这两项活动。而这一天已经来到了。

案例：SAP是德国的一家软件公司，它正在开发一个网上的市场研究页面，目的是从现有的客户群体中获取他们的意见。客户们在网上提出他们对设计的意见。该网页提供了许多可行的建议、特征和功能，这些内容可以用于下一代的SAP产品中。关于各个特征的重要性和相关性，企业也在征求客户的意见。通过这样的方法，SAP能够在进行开发工作之前就了解消费者的需求和想法。它的一个优势是，与传统的市场调查相比，企业可以获得更加广泛的客户意见（从不同的市场、部门和国家），同时，它也可以更快速地、更廉价地进行。

同样，概念测试也可以通过网络开展，并且采用虚拟产品的形式，企业开发出了一个服务概念，通过邮件或网络向潜在的使用者展示。但是，这只是一项"假装的服务"——还没有进行任何实质性的开发工作。潜在客户可以说明他们的兴趣和喜欢的程度，以及他们的购买意图。他们也可以说明最喜欢的特征和不喜欢的方面。这里的一个优势是，企业可以在开发实际的服务之前就进行快速的概念测试。与开发一项实际的服务或产品相比，虚拟概念要更加廉价并耗时较短。当然，存在的劣势是，企业潜在的新服务变得公开了，竞争对手提前获取了信息。

值得提醒的一点是，没有一个完美的方法可以确保，进入网页的客户可以代表企业的客户群体。例如，有人可能会推断，那些空闲时间较多的人，或者那些喜欢上网的人，会比其他人更有可能进入企业网站。更糟的是，企业的竞争对手可能在网上提供了一些错误的信息。企业可以采用一些认证的方法管理或者检查那些回答者的资料。但是，和传统的市场调查所不一样的是，消费者，而非企业，掌握着提供意见的主动权。

针对电子商务调整企业的新开发流程

电子商务对企业考虑、开发并推出新服务的方式有什么意义呢？一家大型银行已经描绘出了网络对其开发流程的各个阶段所带来的影响。在图6.1中，我们加入了该企业的意见以及我们的想法，显示出了电子商务对

图5.1一般的门径流程所带来的影响——电子商务为各个阶段带来了哪些新任务、可能性和机遇呢？如果企业想要制订出一个基于网络的开发流程和服务提供系统，需要了解新的关键性任务。

	第1阶段 初步调查	第2阶段 项目立项	第3阶段 开发	第4阶段 检测	第5阶段 发布
以客户为中心	客户群体	实时调查	设计模型	定制设计	部分追踪和在线监管
重复开发	客户设计投入	概念的证据和实际的模型	结构管理	模式管理工具	快速分配和销售
	确定合作机会	考虑新的合作机会	合作设计工具	绩效管理	快速的产品修改（在线）
					实理定价（通过学习系统）

图6.1 电子商务对门径流程的影响

第1阶段：初步调查阶段

客户社区：现在，一些客户社区，包括聊天热线、邮箱或公告板都是企业的客户们相互沟通的地方，这也是企业的一个选择。亚马逊网站在网络上销售图书，客户们可以填写并提交他们关于书的评论和意见。这就是客户们开始建立关系的开端。企业可以观察客户们正在谈论什么，这些可能为下一项新服务提供重要线索。

客户的设计意见：这里的目标是，企业进行初步市场调查时，可以通过网络了解客户们的具体要求。回顾SAP所做的，为现有的客户群体建立网页，企业可以从中获取信息，包括客户们希望下一个产品所具有的特征、组合和功能。

确定合作机会：从客户群体那里获得的反馈可能预示着企业需要提供

补充的服务或者服务组合，这些可能会超过企业的能力范围。有人会推荐潜在的服务或者供应商。与此同时，企业也可以将客户群扩大到客户以外的范围，例如将候选供应商纳入范围。

第2阶段：详细的调查（开发项目立项）

实时的市场调查：市场调研可以通过网络直接发送给企业的潜在客户。它的设计很像邮寄调查，但比这一陈旧的方法有更多的优势，更丰富的图片、用鼠标点击问答、超文本的选项（下一个出现的问题取决于给出的答案）、即时反馈、数据已经被编写好并输入进去。企业也可以将给使用者的奖励夸张地显示出来，以此获得较高的回复数量。

概念验证和"活生生的原型"：企业能够让消费者进行新服务测试，而不必实际开发出该项服务。这对"虚拟的服务"来说是可行的，企业可以通过网络将概念展现出来。例如，企业可以显示一部分真实的场景，比如将一次旅行或者餐厅服务通过一段视频呈现出来。通过将概念呈现给使用者，企业可以衡量他们的兴趣、喜好和购买意图，而达到这一目的的方法数不胜数。

第3阶段：开发阶段

模型设计：在第3阶段，概念被转化成了一个工作模型。一些服务，例如金融服务（银行、保险和投资服务）和信息服务，最终都会通过电子商务来提供，那么企业为什么不通过网络与客户进行初始的模型测试呢？在开发阶段，网络可以帮助企业快速地获得一些特定客户的反馈。此外，另一些服务（旅游、餐厅、电话服务等）可以在网络上进行推广，却是通过传统的方式来提供。在开发这类服务时，企业可以通过网络与客户反复地沟通——建立快速的模型并进行测试。

第4阶段：测试和验证

定制的试验项目：企业可以为进行测试的客户生产定制模型，并且通过网络来提供。企业也可以通过电子手段观察这一测试结果，包括使用率、使用模式、最常使用的功能和特征。

衡量服务的效果：客户试用的一个目的是评估该项服务在实际情况下的效果。如果企业通过网络提供测试版的服务，那么它也相对容易加入衡量绩效和满意度的工具，并且通过这个方法了解服务的效果。

想象一下，一小群小型企业的客户正在试用一项新的网络贷款服务。该服务的功能性可以通过传统的方法衡量出来（失误和中断的次数、操作的速度）。同时，企业可以将一系列的满意度问题加入该项服务中，在客户们办理贷款手续时，询问他们对于这项服务的反应。

第5阶段：市场发布

市场跟踪：由于在网络上提供服务，企业可以实时了解各个市场的购买率情况。一般来说，企业需要几个星期，有时几个月的时间才能了解该项服务的销售情况怎么样、谁是购买者以及它的目标定位市场是否合适。通过在线销售和分配，建立使用者档案的问卷调查，企业可以进行实时跟踪，也可以对营销计划进行快速地修改。

快速的产品修改：如果服务或产品存在一些瑕疵，企业可以在线对其修改。最重要的是，企业可以立即进行设计上的改进。例如，建立一个"特征和功能的选项"列表，然后计算客户的投票数量。企业可以很快发现服务缺少了哪些特征，以及在下一次发布中需要加入哪些特征。这样一来，企业就可以轻松地向客户提供下一次的产品。

实时定价：企业可以加入学习模式实时调整价格。这一模式会密切关注购买率，如果购买率低于预期，企业可以降低价格并且密切观察购买率的增长。同时，企业可以实时衡量价格弹性（价格敏感度），并且相应地调整价格。

主题2：超越门径流程——第三代门径流程

根据美国产品开发管理协会的一项最新研究，一些成功采用了门径流程（我们称它为第二代的流程）的企业已转向第三代流程。下面将介绍这一转变过程。

第一代流程，即阶段评估流程，出现在20世纪60年代。它们大部分是由技术推动的，企业要在各个审查点进行费力的核查，确保已成功完成各个关键任务。因此，该方法更像是一个度量和控制的方法，它可以确保项目按照预期开展并且完成了每个方面。但是，这一流程涉及很多的技术工作。它适合实体设计和产品开发（它不是跨部门的，不包括营销和操作的人员）。它没有详细说明各个阶段包括哪些行动，也没有说明流程中的具体操作是什么。有一些人认为该流程十分耗时。

第二代流程，即门径流程，从阶段评估流程演变而来。它包括可辨别的、独立的阶段，在各个阶段前设有审核点或者入口，这是它与第一代流程唯一相似的地方。门径流程解决了第一代流程的很多弊端，它是跨部门的，没有任何一个阶段属于单一部门。营销和操作属于流程的主要部分，管理人员需要在项目的优先级排序上达成一致，同时，它也更加全面。该流程十分强调前端部分（预先的工作和更多的客户意见），它明确了各个阶段的活动和最佳操作，同时加入了平行操作的部分。

一旦企业成功地将第二代流程运用出来，自然而然地就衍生出了第三代流程。门径流程是与时俱进的。有经验的企业针对十分有效的第二代流程，对其进行改进，加快运行速度，并且使得开发资源的分配变得更有效率。根据美国产品开发管理协会的最新研究，在采用门径流程的企业中，几乎一半的企业已经拥有第三代流程的一些要素。

第三代流程含有六个基本特征：

1.灵活性。

2.模糊的（有条件的）入口。

3.流动性。

4.集中性（项目优先级和组合管理）。

5.促进性。

6.与时俱进——常常更新并改进。

1.灵活性：该流程不是一个约束，也不是一系列固定不变的规则。相反的，每一个项目都可以根据其明确的风险水平和需要使用该流程。只要项目组在入口处的决定是经过思考并且完全了解所涉及的风险，它们可以压缩阶段或者合并入口。新的服务流程本质上是一个风险管理流程。因此，风险水平和所需的信息代表着企业应该采取的或省略的步骤。一般来说，对那些风险较低的项目而言，企业可以基于上一阶段所做的决策省略一些阶段、活动和入口。

案例：加拿大皇家银行的企业部门采用了一个五个阶段、五个入口的新服务流程，如图4.1所示。高级管理层采用了一个分类的方法，根据项目范围、投资和风险水平将项目分成三种类型。

• 系统更改：一般来说，企业进行相对较小的变化和改进常常是为了回应重要客户的要求。这些项目可采用两个阶段、两个入口的简易流程版本（实际上，第1阶段和第2阶段被压缩成一个阶段，第3、第4和第5阶段同样如此，见图6.2）。

• 快速进行的项目：这些是中等成本的项目（低于50万美元的开发成本，但涉及多个客户），包含了一些风险。这些项目采用一个四个阶段的流程版本，其中，两个阶段合并成一个阶段（见图4.1的缩略版本）。

• 大型项目：成本超过50万美元的项目被认为具有较高的风险，需要通过图4.1所示的完整的五个阶段的流程。

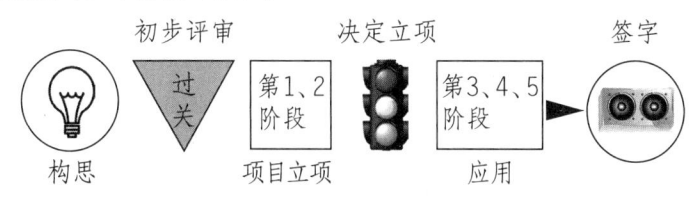

图6.2　风险较低的、简单的项目可以采用的一个简略版的流程

2.模糊的入口：这里所说的模糊是指模糊的逻辑，是数学上的一种较新的模式——区别于只能二者择其一（开放或者关闭），门径可以是这两者之间的多种状态。因此，"过关"这一决策是有附带条件的，可以基于一些未来发生的事件。同样，即使企业没有全面的信息，仍然可以对项目做出"过关"的决策，只要之后得到的结果是正面的。

案例：在一家大型的电话企业中，如果在对项目进行入口审评时发现它缺失了一项关键的可提交成果（例如市场研究结果），那么会做出"暂时搁置"的决策，等待缺失项补充完整。在第三代门径流程中，入口的决策就会变成一个"有条件的过关"。项目会进入到下一阶段，但是项目团队需要向守门员的组长报告该项缺失研究的结果。如果守门员对这项结果满意，那么这个"有条件的过关"会变成一个"完整的过关"。如果不是，那么该守门员的组长要求召开完整的门径会议，重新审查项目，淘汰或者重新考虑该项目。这里的重点是，该项目不会由于信息不完整而被停滞，而会进行一次项目审查，确保即将获得的信息并且结果是令人满意的。

3.流动性：该流程是流动的并且能够适应不同的情况。和现有的流程不同，该流程中的活动不会限定某些特定的阶段。相反的，各个流程相互重叠，一些在下一阶段操作的活动可以在上一阶段完成之前就开始。交付周期较长的活动可以从当前阶段提前到上一阶段。阶段之间可以相互重叠，下一阶段可以在上一阶段完成前开始进行。

案例：通用电话电气公司所采用的方法是交付周期较长的活动可以从一个阶段提前到之前的一个阶段。例如，如果预定材料或设备的交货周期长，那么它们最好在之前的一个阶段就进行，尽管该项目可能会被取消。需要比较提前进行预定所带来的风险和推迟发布所带来的额外花费。

4.集中性：该流程具有集中性，它的功能就像是一个漏斗，在各个入口都有不佳的项目被剔除，资源会被重新分配给那些最佳的项目。这意味着企业要有严格的过关／淘汰决策点以及有效的组合管理，同样也意味着在各个入口处企业需要考虑的不只是一个项目的优点。组合管理是另外一个重要的话题，第七章会着重讨论。

案例：Visa，一家信用卡企业，在其新服务流程中加入了一些严格的入口，各个入口都有明确的"过关"标准。项目必须满足这些标准才能进入下一阶段。同时，Visa也有生产线管理系统，它会考察所有生产线中的项目。它确保企业聚焦那些正确的项目，具有合适的项目组合、类型和价值。

5.促进性：第五个特征是促进性。这是我们新添加的一个要素。据我们所知，没有一个企业在缺乏流程促进者的情况下成功实施了门径流程。在一些大型企业中，这是一个全职的职位。流程促进者常常被称为关键人员、流程管理者、门神或者流程维持者，他们的任务是确保门径流程是有效可行的（图5.6列出了流程管理者的职位介绍）。流程管理者作为裁判，推动每一次重要的门径会议的进展，确保守门员们遵守比赛的规则（见图5.10），并且做出相应的决策。他们会指导项目团队，帮助他们克服遇到的困难和障碍，确保获得所有关键的可提交成果。此外，流程管理者也会更新和持续改进流程，他们培训新员工，教导他们如何操作系统，最重要的是，他们是比赛中的记分者（见主题4）。

案例：在PECO（宾夕法尼亚能源公司），高级管理层在设计门径流程前就安排了一个流程管理者。他会带领任务团队审查当前的操作，作为设计流程的一员主持任务团队的会议，同时，也会确保流程能够获得各个高级管理层的批准。现在，他正在努力确保门径流程发挥作用——企业举行门径会议、项目团队准备就绪并且有所需的可提交成果，企业会做出相应的决策。没有流程管理者的巨大努力，PECO就很可能不再有新服务的门径流程。

一个流程，无论它再怎么好，也无法将自身应用出来。有经验的门径流程者认同这一观点，成功的关键不只在于流程的设计，而在于它的应用。如果门径流程失败了，原因往往运用有误，而不是设计上的问题。因此，企业要努力推动流程的应用，在企业中设置一个全职的"流程保持者"的岗位。

6.与时俱进：门径流程是与时俱进的。随着企业掌握了流程，就会持续地进行更新、重新设计、改进门径流程，使其更满足它们的特殊需要。

案例：Telenor采用了门径流程推动新服务的上市。管理层已经对该流程进行了多次改进，包括加入组合管理的方法；改变决策制订的模式，确保各个项目能获得更全面的决策；采用改进后的方法筛选早期阶段的项目。现在，其流程已经远远超越20世纪90年代首次采用的流程。

PECO修改了标准的五个阶段、五个入口的流程，使其适用联盟和合作的项目。加拿大皇家银行也调整了它们的RPR（门径流程）的前端，以此把它作为一个"吸收"漏斗，处理那些第三方的新服务（由其他银行和软件供应商开发的服务，这些服务有可能获得专利证书，或用于合资企业，或者对外销售）。

这里的要点是，企业需要持续地对其流程进行审查，重新赋予它活力。如果企业在过去两年内没有对当前的流程进行更新，那么它很有可能已经落后了……现在是进行审查、彻底改造的时候了。

在进入第三代流程之前，企业需要牢记的一点是，明智的门径管理者们会大力强调，企业首先需要建立基本的、有效的新服务流程，可能只包括第三代流程的某些要素（例如灵活性和促进性的一些方面，即第一个和第五个特征）。一旦该流程已经建立开始运行，企业就开始追求一个完整的、快速的第三代流程。

主题3：缩短周期

很多观察者发现，加速开发工作，即以极快的速度和领先的地位推动新服务和产品的上市，已经成为企业获得成功和盈利的关键。如何缩短上市时间和周期已经成为流行话题。最近几年，大量的书籍、专业杂志的文章和咨询报告是关于这一项内容的。

为什么需要提速：事实和猜想

有一些强调速度的理念是基于事实，而有些则是基于猜想。

1.第一个进入市场的会取得胜利。这是一个流行的观点,但是也存在一些与之相冲突的证据。正如克劳福德所指出的,没有确切的数据可以表明"首先进入市场的会胜利",除非第二个、第三个进入市场的企业都拥有几乎一样的产品。研究表明,"首先进入市场"确实对成功率和盈利率有积极的影响,但是只有少量的影响。成功的真正关键在于企业提供了优质的服务,这项服务可以比竞争对手更好地满足客户的需求和使用模式。通常,第二个进入市场的企业可以达到这一目标,而先驱企业则没有击中目标。

2.速度意味着更高的利润。分析上市时间对利润率的影响,我们往往会得到一些令人吃惊的信息。第一,金钱具有时间价值(这就是为什么人们在计算净现值时会采用折现系数)。因此,推迟时间,即使只是一年的时间,也会大大影响利润。第二,一般来说,最高的利润率往往来自产品上市的早期阶段,也就是在竞争变得激烈以及价格开始下降之前。如果企业较慢地进入市场,则可能错过这个早期的高利润阶段。第三,很多新服务在被其他服务或技术淘汰之前有一个确定的机会窗口。因此,企业如果将产品发布推迟一个月,则会从这个确定的周期中失去一个月的收入。

3.速度意味着更快的反应和更少的意外。在大多数市场中,快速的变化和竞争性的环境给反应迅速的企业带来一项优势。例如,汽车行业中,思考反应迅速的企业,如克莱斯勒和丰田,具有哪些优势;而通常需要花费五到六年时间的通用汽车或奔驰汽车具有哪些优势。六年的时间内,市场会发生天翻地覆的变化。

缩短周期的方法

很多文章谈到如何缩短产品开发周期。但这里的问题是，几乎没有任何确切的证据可以显示，哪些方法是有效的，哪些是无效的。此处，我们介绍关于这一问题的一些研究结论。

其中一个结论是，如何定义"快速的"。一个项目一旦批准进入开发阶段，它就会向前走。但问题是，它需要两年的时间才能到达可上市的点。因此，如果你从项目的开始计时的话，那些看起来快速的项目实际上也花了很长的时间。

第二个是"和什么相比是比较快的程度？"两个项目可能花费同样的时间，但是一个比较简单，而另一个则更有挑战性，也更加复杂。因此，虽然花费的时间是一样的，但一个比较快速，而另一个则比较缓慢。简而言之，当企业在谈论缩短周期时，必须考虑项目的复杂性这一因素。例如，克劳福德发现，强调缩短周期的一个结果就是企业充满了小型的、缺乏挑战性的项目。这些项目很快进入市场，但是它们对收入和利润的影响不大。

一项研究细致地观察了203个项目团队，并且集中在那些速度快的团队身上。他们使用了两个有效的衡量速度的指标，企业也可以将其用于自身的项目。

- 准时完成任务：产品的发布是否是在预定的时间内？预定的时间和

实际的发布时间之间是否有间隔?

• 时间效率：与原本应该花费的时间相比，项目从开发到发布需要多久的时间（"原本应该花费的时间"是在对项目进行回顾分析的时候确定的）？

在研究的203个项目中，行动快速的团队通过六个方法缩短周期（见图6.3）。注意，这些缩短周期的方法与可靠的管理操作完全一致。简而言之，这六个方法不但可以增加成功的概率，也可以缩短上市时间。

因素	因素的相关性	
	和时间	和利润
跨部门团队	0.483　1	0.351
前期工作	0.408　2	0.366
以市场为导向	0.406　3	0.440　2
技术熟练度	0.316	0.289
早期产品定义	0.242	0.413　2
市场吸引力	0.215	0.312
发布质量	0.205	0.286
产品优势	0.000	0.530　1

图6.3　各个因素对时间和利润率的影响

1.组建一个真正的跨部门团队。企业要想快速地、按时地完成项目，首要的驱动力就是项目和团队的组成。一个跨部门的团队包括了许多不同的参与者，他们来自各个重要的资源部门，从始至终对项目负责，全身心地投入项目中（而不是将精力分散到许多不同的任务中）。同时，他们由一个有力的领导者带领，获得高级管理层的支持。这是能够快速进入市场的最重要的因素。

企业要授权这个跨部门的团队。汤姆·彼得斯认为，"如果把一个失败的开发项目分解开来，那么我们肯定会发现，75%的失败原因可以归结为：第一，'地坑'或者信息在企业中纵向传递所发生的决策'地坑'或者'烟囱'。第二，按顺序解决问题。"可惜的是，典型的项目就像一场接力赛，各个部门或小组会在比赛中只负责自己那一棒，然后将接力棒传递给下一个参赛者或者部门（参考下面的第5点）。

2.前期工作是值得的。项目团队投入更多的时间和精力到前期工作，充分的准备工作可以获得明确的项目定义，这个定义是基于事实而不是猜测，这可以在接下去的环节中节省很多时间。同时，充分的前期工作使目标更加明确。

前期工作包括：在项目的早期进行初步的技术和市场分析；开展市场调研（使用者需求和想法分析、市场分析、竞争性分析和概念测试）；建立一个开发项目，包括完成财务和经营分析，以及基于事实的项目定义。

3.拥有有力的市场导向。加入客户需求研究不但对新服务的成功至关重要，也对上市速度有很大的影响。如果一个项目的营销工作保证质量地完成了，那么这个项目更高效，也更容易保持进度。虽然一些营销任务和上述第2点的前期作业有所重复，但还是包括了更多的内容。

• 将客户纳入整个开发阶段中（在服务开发过程中，不断地与客户沟通，获取他们关于服务的各方面意见）。

• 对最终服务，企业要进行严格的客户测试（试验、实地测试、偏好测试、所有的测试都要基于可靠的测试方法）。

- 如果可行的话，在全面投入市场前企业试销产品或者检测市场。
- 一次精心准备的、配备了充分资源的市场发布。

4.第一次做就把它做好。那些强调第一次操作时就把任务处理好的项目团队不但会得到更好的结果，也会进行得更快。我们多次听到项目领导者说："多花一点点时间把事情做好，可以在以后的阶段中节省更多时间""节省时间的最好方法就是不用重复做工！"那些着重于执行质量的项目团队证实了这些陈述是正确的（见图6.3）。有质量地完成工作意味着用规范的方式处理下述活动。

- 上述的营销任务。
- 技术任务，例如初始技术分析、实际的服务开发、内部测试、试运行和启动运行。
- 评估活动（例如营业分析或发布前的分析）。

5.平行操作可以加速项目的上市时间。对于现今的服务开发来说，串行的方法已经变得陈旧。考虑到项目的时间压力以及对完整的、高质量的流程的需求，企业可以采纳的更恰当的方法是平行操作法（见第三章）。我们知道，企业采用平行操作法会比串行操作复杂得多，因此，企业需要更有条理的比赛规则，即门径流程。

6.优先级排序和重点项目。项目进展缓慢，是因为企业将有限的资源和人员分散到过多的项目上。相反的，如果将资源集中到那些真正值得投资的项目上，企业可以更有效地、更快速地完成项目。聚焦意味做出抉择，淘汰其他的也许是有价值的项目。

很多企业没有这样的意识，也没有这样的流程来淘汰项目。某家企业曾说："我们从不淘汰项目……我们只是伤害它们。"这实际上承认了，管理层没有淘汰项目的勇气，只是简单地转移资源，每次转移一点点。聚焦意味着淘汰或者搁置其他项目。这要求企业做出严谨的、有条理的决策，需要严格的门径流程，以及做出过关／淘汰决策的合理标准。

除此以外，行动快速的项目团队还会采用其他方法。

7.外包。很多服务型企业发现，供应商们可以为它们提供多项服务。外包的益处是，更快、更加成熟、开发成本更低，特别是这项产品或服务是现成的（例如一项软件）。但是，值得留意的一点是，很多外包项目的结果没有预期的那么好。有时候，供应商们没有像预想得那样有能力。此外，现成的产品需要融入企业现有的系统和操作中，而这可能会花费更多的资金和时间。因此，企业需要提前做出必要的努力，并且确认供应商的资质。

案例：一家大型的金融机构决定从一个知名的供应商那里购买一款新的软件，用于薪酬服务。这个现成软件的价格大约是50万美元，另外还需要支付30万美元"调整"这个软件，使其融入银行的现有系统中（客户的计费系统、管理信息系统等）。但问题是，由于前期工作处理不佳，项目的标准列表并不完善，该薪酬服务没有银行需要的功能：适用于美国的薪酬服务软件无法处理国际上的薪酬问题。而且，将该软件融入银行现有系统比原本想象地困难得多。最后，银行为这项服务花费两百多万美元。讽刺的是，银行的IT部门原本可以用更低的成本快速地开发出这项服务。

当企业采用第三方开发的服务或产品时，企业需要遵循门径流程的大多数步骤，可以采用一个修改过的版本（见图5.6）。

8.联盟是另外一种可以节省时间的方法。一般来说，合作商可以提供项目所需的技能、资源和竞争力，它不但可以帮助项目取得成功，也可以让项目进展得更加快速。但是要注意的是，联盟就像是一场婚姻——有一些是天造地设的一对，而有一些可能以"糟糕的离婚"收场。因此，企业需要建立联盟流程，在该流程中，合作商的筛选和建立联盟的活动是一项常规的活动。

9.快速建立模型也是一种快速上市的方法，它来自生产制造部门。它的理念是，客户们不明白他们正在寻求的事物，直到他们亲眼看见了它。企业可以全面研究市场，调查客户需求、想法和偏好，但是只有当客户真正体验了这项服务，企业才能真正明白客户的反应。因此，要让客户尽早地体验服务，甚至在它开发出来以前。这意味着要开发出服务的"模型"，可以是一个粗糙的模型、一项虚拟的服务或者该服务的一些方面（例如计算机屏幕的样品），将这些呈现给潜在的使用者，听取他们的反馈。这需要企业尽早地完成，甚至在开发阶段之前就认真地操作。

10.绘制流程图。项目团队可以为整个项目制订一个从头到尾的流程图，并且着重于如何缩短各项任务的时间。进行一次"牛皮纸的练习"：拿一卷很长的纸，将它贴到墙上。在它的底端设置一个时间表，通常以星期计。集合项目团队，给他们记号笔，然后让他们把整个流程的主要任务标示出来，细致观察每一项任务，提问"我们如何才能用一半的时间完成这项活任务？"通过这样的方法，项目团队常常能够缩短上市时间，而且不需要省略关键的步骤。

11.采用时间表并且按纪律操作。大多数的项目团队利用电脑软件规划项目的关键路径和时间表。一旦确认，这个时间表就变成了团队的内部目标，它确保各项任务按时完成了，各个重要的阶段也按预期的时间达成。该团队应该每周碰面确认项目的流程。规则很简单，时间表是不可违背的；要按纪律操作；资源可以增加，但是截止日期不能推迟。

不要变成一个追求速度的狂人

加快服务开发的进度也有消极的一面。要记住，速度只是一个中间目标，最终的目的是利润率。尽管很多研究显示，速度和利润率是相关的，但是，这两者的关系并不是一对一的。

缩短开发周期这个目标是值得称赞的。过去五年来，大多数企业已经平均缩短了三分之一的周期。但是，企业要牢记，速度不是唯一的目标。最主要的目标应该是一系列持续的、成功的新服务。美国产品开发管理协会关于最佳操作的研究显示，绩效最佳企业实际上会比绩效一般企业花更多的时间开发新产品——这也可能表示他们正在进行更有挑战性的项目。此外，为了缩短上市时间，一些企业采用了一些天真的做法，而实际上企业却花费了更多的资金。它们达成中间的目标，即让产品更快上市，但是却牺牲了最终的目标，即利润率。

• 如果企业缩短新服务项目的早期阶段，即前期工作和市场研究，后期就会发现，新服务的设计无法满足客户的需要，项目本身构思也欠佳。

• 如果企业为了加快服务的上市速度而缩短客户测试的阶段，在服务发布后很有可能产生可靠性的问题。这会让企业失去客户的信任，承担服务发布后所产生的巨大的服务成本。

一心要缩短周期也会带来额外的问题。它会使企业集中于那些更快的但是普通的项目。此外，过度强调速度影响团队的信念，团队被迫接受一个不切实际的时间表，这会使团队成员感到沮丧、焦虑，削弱了团队的士气。这些问题最终导致团队失去效率，也带来了更大的人员投入和资源的浪费。由此看来，企业要谨慎地缩短周期，企业采用的缩短开发时间的方法常常会带来相反的结果，在很多案例中，一些企业损失巨大，这些操作可能和可靠的管理方法完全相左。

主题4：指标，企业做得怎么样

开始考虑新服务的指标是不是还为时过早呢？当然不是！我们非常同意的观点是"你不能管理无法衡量的事"以及"可以衡量的工作才能完成"。一些企业犯了这样的错误，就是它们没有在新服务流程中加入可衡量的标准。

在一个由领头企业所组成的门径流程会议中，指标是一个热门的话题。每一个企业都明确了所用的指标，这些指标帮助它们了解企业的运行情况。以下是关于指标的结论。

• 关于要衡量的事物，企业不存在统一的观点。每一个领头的企业都评估各种不同的事物。然而，有一些特定的指标是大部分的企业都会采用的（见图6.4和图6.5）。

• 几乎每一家企业刚开始时都有一个比现在更长的指标清单。这里给出的信息似乎是，企业一开始宁可制订过多的指标，慢慢地，企业会决定哪些指标是最有效的。

企业所采用的指标可以总结为两大类，流程后的指标和流程中的指标。

流程后的指标。流程后的指标可以用来回答问题"企业在新服务开发工作上做得怎么样？"流程后的指标意味着只有在服务发布后，这些指标才会发挥作用。它们包括短期指标，即那些在服务发布后可以马上进行衡量的指标（如"按时发布服务的百分比"），也包括更长期的指标，有可能在服务发布几年以后才能确定，如"获得商业上成功服务的百分比"，图6.4列出了一些常用的流程后的指标。

短期（可立即衡量）：

时间

- 从入口3到发布的周期（按月计算）（必须是相关的衡量指标）。
- 准时发布（实际和预计的发布时间；按月计算差距）。
- 对项目来说，实际时间和可能最快的周期相比。

开发和资本成本

- 保持在预算内（变量）。

较长期（延迟衡量，例如进入发布阶段的第二年，基于最新的预期结果）：

财务

- 利润率（净现值、内部收益率、回收期、收支平衡时间）。
- 销售额（单位、美元、市场份额）。
- 操作成本（实际和目标之比）
  — 与入口3和5的设定目标相比；
  — 与企业的障碍相比。

成功率

- 发布的服务获得商业上成功的比例（必须明确"商业上成功"指什么）。

- 开发项目获得商业上成功的比例。
- 损耗率（在流程中的各个入口处存活下来的项目数量）。

销售额从新服务中获取的比例
- 必须明确"新服务"。
- 明确时间范围：例如在最近三年推出的服务。

图6.4 流程后的指标

企业会收集流程后的指标在个别项目上获得的数据，但是通常会合计起来报告：例如过去三年推出的新服务所达到的销售额百分比，或者准时完成情况的差异。

这些是非常重要的指标。但问题是，如果企业只采用这些指标，那么可能要等3~4年后才能知道企业做得怎么样。如果企业要制订纠正措施，那么这个等待时间太长了。因此，大多数的企业会采用流程中的指标。

流程中的指标。这一类型的指标回答的问题是"企业的流程是否有效……真的吗？"流程中的指标几乎可以立即衡量项目，并且帮助企业了解新的服务项目进展状况。例如，它们可以确定项目是否准时到达入口，入口所需的可提交成果是否处于好的状态。很明显的，在这些指标上取得的高分并不是最终的目的，但是却有即刻的成果。我们可以把这些当成中间的指标，以及最终结果的早期预警信号。关于流程中的指标，图6.5列出了一些好的示例。

一些流程中的指标是主观的

门径会议的质量（以及可提交成果）

- 在门径会议中填写的评分卡片。

偏离流程规定的程度

- 在入口3以后对于项目参数的改变程度。
- 要求系统改变的数量（在流程中的"设计冻结"后）。
- 由于守门员没有出席而被取消的门径会议数量。

确实在流程中的项目百分比

- 流程管理者的本能判断.

一些流程中的指标是客观的

项目到达入口的时间

- 准时到达每个入口的项目百分比
- 方差均值：到达入口的实际时间和预期时间（间隔月数或者预期时间的百分比）

是否在预算内

- 在各个入口处，实现预算内项目的百分比。
- 预算内各个阶段的均值方差。

图6.5　流程中的指标

案例：一家企业采用了一个"红绿"的表格作为视觉指标，识别那些有问题的项目、入口或阶段（见图6.6）。在表格中，门径流程的各个入口显示在表格的顶端，而项目列在一侧。各个方框中都写出了门径会议的预期日期，实际日期也会显示出来。当一个项目是"准时的"，那么方框的颜色就是绿色的；当这个项目落后时，颜色就是红的。

在图6.6中，有阴影的方框代表了该项目错过入口评审日期。逐行阅读时，企业可以清楚地发现哪些项目出了问题。项目B和项目C很明显出了问题，还有第2阶段，即入口3之前的详细调查阶段，可能是流程中最可能出现问题的阶段。

	入口2	入口3	入口4	入口5	入口6
项目A	Aug 1/97 Sep 1/97	Dec 1/97 Feb 1/98	Sep 1/98 Sep 1/98	Dec 1/98	—
项目B	Jul 1/97 Sep 1/97	Aug 1/97 Nov 1/97	Dec 1/97 Feb 1/98	Mar 1/98 Jun 1/98	Jun 1/99
项目C	Feb 1/97 Apr 1/97	Jun 1/97 Aug 1/97	Dec 1/98 Feb 1/98	Jun 1/98 Jun 1/98	Jun 1/99
项目D	Jun 1/97 Jun 1/97	Jul 1/97 Nov 1/97	Feb 1/98 Mar 1/98	Jun 1/98 Aug 1/98	Aug 1/99
项目E	Sep 1/97 Sep 1/97	Nov 1/97 Dec 1/97	Aug 1/98 Sep 1/98	Dec 1/98	—
项目F	Nov 1/97 Dec 1/97	Mar 1/98 Mar 1/98	Dec 1/98	—	—

图6.6 "红绿"监测图

危险信号

很多企业面临两难的情况，企业想要保持灵活性、自由和创新性，与此同时，企业也想避免项目的自由发展以免失去控制，成为"难以驾驭"的项目。危险信号是一些企业已经采用的灵活的控制系统。这个方法十分简单，但却很有效。这些企业开发了危险信号列表，预示可能出现的问题。例如，如果一个项目远远落后于进度，或者该项目和财务预期有超过百分之几的变化，这个危险信号就会出现。图6.7显示了一家通信和软件企业所采用的一系列的危险信号。当危险信号出现时，项目的领导者要立即评审项目。

新的服务项目有时会遇到问题。初始的估计往往要做出调整，这会让项目缺少吸引力。一家企业制订了一系列的危险信号，守门员们可以随时知道潜在的问题。当以下任何一种情况发生时，项目团队领导者必须在项目评审或门径会议时告知守门员。

①项目计划进展：如果项目比原定的时间推迟超过30天。

②项目预算：如果项目开发支出比预算高出五个百分点（区别于重要阶段的推测），这一数据要在上一入口处制订的计划里列出。

③资源：如果根据所订的时间表，任何一个主要的部门领域无法满足所需的资源要求。

④项目成本：如果在入口3的项目预算发生改变并高出五个百分点。

⑤销售预测：如果销售预测的改变大于十个百分点，或者配置比例（产品组合）发生变化，并且对利润的影响超出三个百分点。

⑥商业案例：如果有任何改变发生并且对该项目和财务前景有严重影响。

⑦新的服务/产品规格：如果新的设计或要求有改变并且未能满足消费者的需求。

⑧服务：如果新服务或者相应的支持工作有所变动并且未能满足消费者的需求。

⑨质量：如果质量指数未能达到标准差值，差距超出0.3。

图6.7　危险信号

‖ 取得成功的新服务

要在新服务上获得成功有两个方法。第一个是合理地处理项目,即如何提高企业构思、开发、推出新服务的有效性;如何应用门径流程,如果企业能够合理地运用它,就能在成功率、利润率、上市时间上获得巨大的改进。电子商务的应用、第三代流程和缩短上市时间的方法和指标可以对企业的门径流程给予补充,使其更加有效。

第二个开展合适的新服务项目。开展合适的项目——项目选择和组合管理是下一章的重点内容。

第 七 章

组合管理：不只是项目选择

Portfolio Management:
More Than
Just Project Selection

在新服务的开发过程中，一个关键的问题是企业如何最有效地分配它的技术资源。这就需要组合管理，它帮助企业分配资源，使企业达成新服务的目标。组合管理不只是简单地选择项目，它会对整体的项目组合以及相关的投资进行检查。注意，项目选择涉及个别项目的过关／淘汰，而组合管理则涉及整体项目的投资。本章主要介绍组合管理的概念，以及它与门径流程如何相互影响。

和一个股票市场的投资组合经理一样，高级管理者可以挑选制胜的项目，实现项目的理想均衡，建立支持企业战略的项目组合，以此成功地优化投资并取得胜利。

组合管理的定义

组合管理与资源的分配有关。在众多有潜力的项目中，企业应该把技术、资本、资源，包括人员，投入到哪个项目上呢？企业应该将哪些项目设置为最高优先级并且使其加速上市呢？组合管理也和经营策略有关。当前的新服务组合决定企业未来的服务和市场前景。此外，组合管理也与均衡相关，风险与回报、维持与发展、长期和短期的新服务项目，什么组合是企业的最优投资组合？

组合管理的定义如下所述：

组合管理是一个动态的决策制订的流程。在这个流程中，由运行中的项目

所组成的清单会不断地更新和修订。新项目会进行优先级排序；现有的项目可能会加快进度，或者被淘汰，或者不被优先考虑；资源会被分配或者重新分配到那些进行中的项目。这个组合的决策流程包含的特征是，不确定的和不断变动的信息、时刻变化的机会、多个目标和战略上的考量、项目之间的相互依赖、多个决策制订者和地点。组合的决策流程包含了企业中的另外一些决策制订流程，包括定期对所有项目的总体组合进行的评审、对进行中的各个项目做出过关／淘汰决策、制订企业的新服务开发战略。

乍一看，组合管理就如同机械一样进行决策制订和资源分配（预算）的操作。但是实际上，组合管理包括了很多独特的方面，这使它成为现代企业家面临的最具挑战性的决策制订任务。

• 组合管理涉及未来的事件和机遇。因此，企业需要信息做出项目选择的决策，而这些信息多是不确定的，甚至没有任何可信度。

• 决策制订的环境是动态的。由于新信息的出现，项目在组合中的地位和前景一直处于变化的状态。

• 组合中的各个项目处于不同的完成阶段，但是，所有的项目都会竞争同一资源。因此，企业需要比较各个项目，尽管各个项目所拥有的信息质量可能天差地别。

• 分配到各个项目的资源是有限的。投资一个项目的决策可能意味着另一个项目的资源被夺走。此外，项目之间的资源转移也不是完全没有阻碍的。

组合管理为何如此重要

最近,我们研究了项目选择和组合管理的最佳操作。这些研究显示,对高级管理层来说,组合管理是一项重大的挑战。请注意,企业的高级管理者和技术经理们认为组合管理是十分重要的(见187页)。同时,与绩效最差企业相比,绩效最好企业倾向于将组合管理放在更重要的地位(见图7.1)。

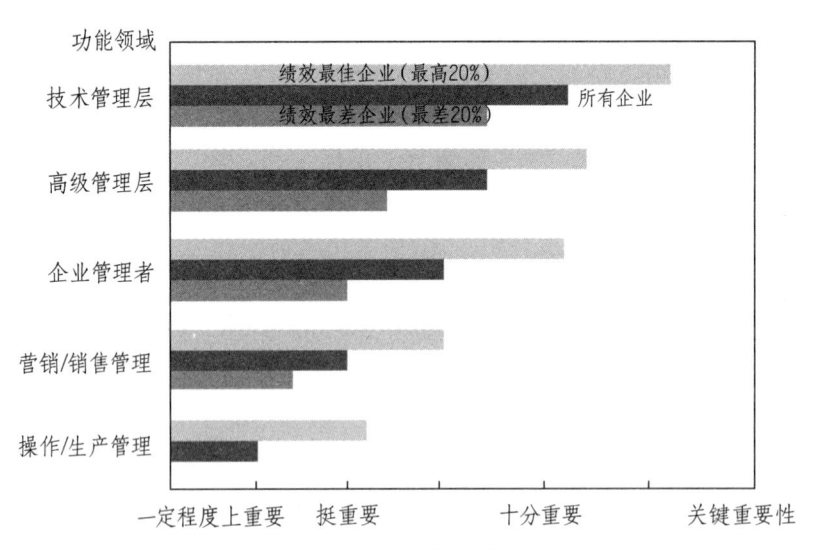

图7.1 组合管理的重要性

组合管理是重要的管理任务的八个原因

①财务上：回报最大化，技术生产力最大化，达成财务目标。

②竞争性：维持企业的竞争地位，增加销售额和市场份额。

③资源：合理地、有效率地分配（预算）有限的资源。

④战略性：建立项目选择和企业战略的联系。项目组合是战略的一种表现形式，它需要支持企业的战略。

⑤聚焦：避免将有效的资源分配到过多的项目上，将资源合理地分配给最佳项目。

⑥均衡：在长期的和短期的、风险高的和风险低的项目中保持适当的均衡，使其与企业的目标一致。

⑦沟通交流：在企业内部更好地沟通项目的优先级，包括纵向的和横向的沟通。

⑧客观性：在项目选择的过程中可以有更强的客观性，这样可以淘汰不良的项目，保留优秀的项目。

组合管理对企业的重要性基于三个主要原因。

1. 在新时代，一项成功的新服务开发工作对企业的成功来说至关重要。高级管理层更是意识到了新服务的必要性，特别是合适的新服务。这也自然而然地转化到了组合管理，企业如果现在有选择项目的能力，那么它很有可能成为未来的赢家。

2. 新服务的开发体现了企业的战略。要将战略付诸实践，其中一个最重要的方面就是企业开发新服务。如果企业的新服务计划是不恰当的，包括不恰当的项目或不恰当的组合，那么企业在运行经营战略时也会失败。

3. 组合管理也关系到资源的分配。现今的商业世界都会谈及股东的利益以及如何用更少的资源做更多的工作，资源变得十分稀缺，以至于不合适的项目无法得到资源。由此可见，不良的组合管理会带来的结果也是显而易见的，企业将稀缺的资源浪费在那些不合适的项目上，以至于那些真正有价值的项目处于资源不足的情况。

绩效最佳企业会强调项目选择和经营战略之间的联系。很多企业忽视了谨慎以及避免失败的必要性，这也是组合管理十分重要的一个原因。

‖ 组合管理的三个目标

企业可以采用三个主要的方法引导组合流程。同时，企业选择予以重视的目标会影响到它们选择的组合管理的方法（下文会详细讨论）。

1.价值最大化。这个目标是将资源分配到项目组合中，使其获得的价值最大化。它的依据是企业的经营目标（例如长期的盈利能力、投资回报率、成功率以及另外的一些战略目标）。

2.均衡。这里主要关心的是企业如何根据一系列的参数来建立一个均衡的项目组合。这些参数包括长期的和短期的目标，以及风险的高低。或者，企业可能在不同的市场、技术、项目类型中寻求平衡，或者在不同的资源和项目数量上[①]。

---

① 尽管这里的重点是新服务的组合管理，但是就新服务所使用的技术资源来说，其他类型的项目也适用。组合管理者们需要考虑的一点是，新服务项目与基础设施开发、维护项目、甚至平台项目一起竞争人员和资金。

3.战略方向。这里的主要目的是为了确保项目的最终组合应该正确地反映企业战略。如果将各个项目、领域、市场等的花费细分，它应该直接与企业战略相关联，同时，各个项目都应该"处于战略内"。

很明显的一点是，在这三个高水平的目标之间也存在发生冲突的可能性。例如，能够获得最大的净现值或内部收益率的项目组合可能不是非常均衡的，它可能大部分都是短期的、低风险的项目，或者它可能过度集中于一个市场。同样的，如果一个项目组合本质上主要是战略性的，那么它可能会牺牲掉其他目标，例如预期的短期利润率。尽管企业不会明显地说一个目标比另外两个目标更重要，但是它选择的组合管理工具会反映出目标的层次。这是因为一些特定的项目组合方法会对某些目标来说更适用。例如，像组合气泡图这样的视觉模型对于实现项目的均衡特别适用，而另一方面，评分模型则不擅长达到或者显示项目的均衡，但对实现目标的最大化却最有效。因此，组合方法的选择取决于企业所强调的目标。

管理层需要沉思的要点

企业要反思是如何进行组合管理的。企业是否已经有方法确保自身正在达成组合管理中的三个主要目标？企业是否能够处理三个目标中存在的潜在冲突？这三个目标是：

①实现组合的价值最大化。
②达到项目的合理均衡。
③确保项目都"处于战略内"，并且支出的细分可以反映出企业战略。

为了实现这三个组合目标，企业认为哪些方法是最有效的呢？下面我们会介绍这些方法并且讨论它们的优势和劣势。

目标1：实现组合的价值最大化

有很多方法可以实现这一目标，范围包括从财务模型到评分模型。每一个方法都有其优势和劣势。通过选择的方法，企业会得到的最终结果是一个排序列表，其中包括"过关"和"暂时搁置"的项目。该列表的顶端包括了得分最高的项目，而评分的依据则是项目是否能够帮助企业实现理想的目标（如此一来，这个目标的价值就实现了最大化）。

预期的商业价值。对于那些想要实现最大化商业价值、却受一定预算限制的企业来说，它们会采用预期的商业价值（ECV）。这一方法可以帮助企业确定各个项目对自身的价值。它采用了基本的决策树分析，为每个项目设立一个单独的价值，同时考虑到项目的未来收益、商业上和技术上成功的可能性、以及商业化和开发的成本。企业可以比较各个项目的价值。下面我们研究一个案例并且观察ECV是如何操作的。

首先，企业计算出各个项目的ECV。这是财务计算，它需要考虑项目未来收益的现值以及技术和商业成功的可能性。图7.2A显示了X公司的ECV决策树和它的模式（注意，这里两个步骤的决策流程是假设的）。为了获得一个优先级项目的列表，X公司考虑它所受到的资源限制。在这个例子中，系统资源被认定是一个限制条件，因为X公司的很多项目都需要大量的系统资源。（其他公司可能认为技术人员是它们的限制资源，通常用几个月的工作量或者技术资金来计算。）X公司会用想要的最大化的比例，即ECV，除以限制资源，也就是每个项目的系统成本（见图7.2B）。

接着，所有的项目会根据它的ECV和系统资金的比例进行排序，直到达到了系统资金预算的上限。在列表顶端的项目被看作"过关"，而底端的项目（超过总体可用的资源上限）则被暂时搁置。这个方法可以确保企业获得最大的经济效益：在一个给定的系统预算里获得最大的ECV[①]。

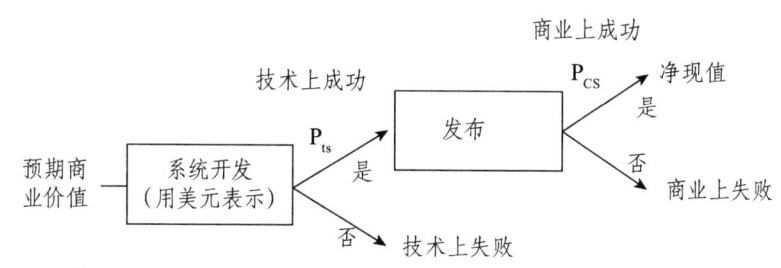

$$ECV=[（NPV*P_{CS}-C）*P_{ts}-D]$$

ECV=项目的预期商业价值

P_{ts}=技术上成功率

P_{cs}=商业上成功率（在技术上成功情况下）

D=项目仍需的系统开发成本

C=商业化（发布）成本

NPV=项目未来收益的净现值（折现到今天）

图7.2A　如何确定项目的预期商业价值

ECV模型还有一系列吸引人的特性。它承认过关／淘汰的决策流程是逐渐增加的（就像购买一个项目的期权一样）；所有的货币金额都要按今天进行折现，而不是到发布日，因为这样一来就不利于那些需要几年的时间才能发布的项目；同时，它考虑到了受限资源这一问题，所以在这一限制条件下努力使组合价值最大化。

---

① 这里的排序依据是将企业想要最大化的数值除以受限的资源，这似乎是一个很有效的方法。对一系列随机项目的模拟试验也显示了这一方法十分有效，真正实现了"经济效益的最大化"。

项目名称	预期商业价值	系统开发成本	预期商业价值/开发成本	成本总和
Beta	19.5	5	3.9	5
Echo	15.7	5	3.14	10
Alpha	5	3 limit	1.67	13
Foxtrot	15.5	10	1.55	−23
Delta	1.5	1	1.5	14
Gamma	2.1	2	1.05	15

图7.2B 按照ECV和系统开发成本的比例进行的排序列表

标准：你想要最大化的比例除以所限的资源（得到最大化的效益）

总共的系统开发预算为1500万美元

这个方法的一个主要劣势是它依赖财务上的和另外的数据资料。所有的项目都需要有一个对未来收益的准确评估，它们的商业化（以及系统）支出以及其他的开发成本，还有成功的概率。可是，在一个项目的早期阶段，这些评估往往是不可靠的，或者根本无法获取。一个有经验的管理者非常反对将两个十分不确定的数据合起来，他说："那些更加具有冒险性的项目常常受到不公平的对待。"第二个劣势是，这个方法没有考虑项目组合的均衡性，即该组合是否在高风险和低风险项目以及各个市场和技术上有合理的平衡。第三个劣势是只用单一的标准，即ECV，排序项目。

生产率指数。生产率指数（PI）与上述的ECV方法类似，也包含了相似的一些优势和劣势。生产率指数试图在一个给定的资源限制内，将组合价值最大化。例如，英国核燃料公司就采用了这个方法。

生产率指数可以用这个公式计算得出：

$$生产率指数 = \frac{预期商业价值 \times 技术上成功率}{项目开发支出}$$

在这里,预期商业价值的定义与上述X公司所使用的不一样。在生产率指数中,ECV是一个概率加权的净现值(NPV)。更确切地说,它是项目的概率加权的现金流,在假定技术上成功的情况下,将该现金流折现,并减去剩余的开发成本。P_{ts}[①]指的是技术上成功率,而R&D是指项目还需要的开发支出(请注意,已经投资在项目上的开发资金是沉没成本,因此,它与优先级排序的决策无关)。接着,企业会根据生产力指数排序项目,以此获得更佳的项目组合,在列表底端的项目则会被暂时搁置。

动态的排序列表。像ECV或生产率指数这样的方法只依赖单一的标准排序项目,而接下去的方法则克服了这一限制。这个方法可以同时根据多个标准对项目进行排序,而又不像完整的、采用多个标准的评分模型一样复杂耗时。这里的标准可以包括利润率和回报的测量方法、战略的重要性、容易度和执行速度以及其他优先级项目所包含的一些理想特征。通信行业的一家G公司采用了下列四个标准。

1.项目的战略重要性,即该项目对于企业战略的重要性以及它是否与之一致。它会用1~5的范围来评估,5意味着具有关键的重要性。

2.项目未来收益的净现值(NPV)减去项目仍需要投入的开支。在这里,NPV将产品的销售收入、利润等乘以相对应的概率,从而融入了商业上成功的可能性。

3.内部收益率(IRR)的计算采用了和NPV同样的数据,但是用百分比表示预期回报。

---

① 有多种方法可以调整风险或概率:通过一个按风险调整的折现率来确定净现值;或者对不确定的估计值加上概率来计算出净现值;又或者通过蒙特卡罗模拟法来确定净现值。

4.技术上成功率。G公司的一些项目在技术上有很大的投机性，因此，它们在技术上的成功率常常低于100%。

项目如何同时根据这四个标准划分优先级的呢？这很简单。首先，将净现值和内部收益率乘以技术上成功的概率，得到一个调整后的净现值和内部收益率（见图7.3）。接着，将项目根据各个标准单独排序，调整后的内部收益率、调整后的净现值、以及战略重要性（参见括号中的序号）。最后的总体排序，也就是最右边的一列，由计算出的这三个排名的平均值来确定。Alpha项目处于列表的顶端。它在战略重要性上排名第一，而在净现值和内部收益率上都排名第二。这三项排名的平均值是1.67。这个方法可能看起来很简单，但是如果我们细想图7.3的项目列表，努力寻找一个更好的排序方法———一个可以将这三个标准都最大化的方法，那么我们就会意识到该方法的优越性。

这一动态列表的主要优势在于它的简易性。根据几个标准排序项目，然后取排序的平均值。另一个优势是它可以同时处理多个标准，却又不过于复杂。它的一个主要劣势在于没有考虑到受限的资源。此外，像ECV和生产力指数的方法一样，该方法也主要依赖不确定的、常常是不可靠的财务数据。最后，该动态列表没有考虑到项目的均衡性。

项目名称	内部收益率 × 技术上成功率	净现值 × 技术上成功率	战略重要的	排序分数
Alpha	16.0（2）	8.0（2）	5（1）	1.67（1）
Epsilon	10.8（4）	18.0（1）	4（2）	2.33（2）
Delta	11.1（3）	7.8（3）	2（4）	3.33（3）
Omega	18.7（1）	5.1（4）	1（6）	3.67（4）
Gamma	9.0（6）	4.5（5）	3（3）	4.67（5）
Beta	10.5（5）	1.4（6）	2（4）	5.00（6）

图7.3　G公司的动态排序列表

IRR和NPV都会乘以技术上成功率P_{ts}。

项目会根据IRR（回报百分比）、NPV、战略重要性进行排序，括号内的数字显示每一列的排名。排序分数是三个排名的中间值。这一分数是这6个项目的最终排名。项目会进行排序，直到没有更多的资源。

组合工具的评分模型。评分模型很长时间以来被用于在门径处做出过关/淘汰的决策。但是，它也适用项目的优先级排序和组合管理。（Telenor将评分模型作为早期的筛选工具，以此将项目放入组合中。）各个项目会在门径会议中进行评分，而总体的项目评分则会成为制订项目排序列表的基础。

斯普林特（Sprint）的一个部门采用了非常直接的方法评分和排序项目。在这个评分模型中，企业会基于三个主要标准评估项目，战略上的契合度、净现值和技术能力（可用的技能和新技术）。

总的来说，评分模型虽然没有十分流行，但是却广受赞扬。有关项目选择方法的研究显示，评分模型可以带来战略上一致的项目组合，并且该组合可以反映出企业的开支优先顺序。这些模型还可以帮助企业做出有力的、高效的决策，从而得到高价值的项目组合。但是，企业用评分模型对项目进行优先排序时，要注意一些陷阱。

• 虚拟的准确度：采用评分模型可能显示了一定程度的准确度，但它可能是根本不存在的。

• 连锁反应：如果项目在一个标准上得分很高，这常常意味着该项目在其余很多指标上的得分也很高。这也是加拿大皇家银行的管理者们的一个顾虑。过去几年，该银行将其评分模型中的一系列关键标准减少到五个标准。

- 没有对稀缺资源进行有效的分配：评分模型遗漏的一个部分是，它常常没有办法在一个给定的总体开支内，取得得分最高的一系列过关项目。例如，一家企业采用的评分模型的一个特点是大型的项目倾向上升到列表的顶端。如果排序的标准是"项目评分／项目花费"而不是简单的"项目评分"，那么那些小型的但有效的项目，即所需资源更少的项目，则会上升到顶端。

管理层需要沉思的要点

上述的价值最大化的方法有很多值得称道的地方。我们已经提到了它的一些具体的劣势，包括数据的收集、数据的可靠性、对财务标准的过度依赖、应付多个目标、虚拟的准确度、连锁反应等。作为一个整体，它们最大的劣势在于它们不能够确保项目组合在战略上是一致的，所得到的均衡也不是最优的。例如，通过以上任一方法获得的项目组合可能产生最大化利润或者一些项目的得分，但是却会得到一个不均衡的项目列表（例如过多的短期项目）或者没有反映出企业的战略方向。

尽管存在这些缺陷，但是将组合价值最大化仍然是一个有价值的目标。企业可以就项目的均衡和组合的战略方向进行争论，但是如果组合中的项目很糟糕——盈利能力差、成功的可能性低或者吸引力评分低，这样的组合操作就脱离了实际。首要的是，组合必须包括"优秀的"项目，而上述的最大化方法擅长对项目进行优先级排序。企业不应该忽视这一类的方法，它们必须是组合管理方法的一部分。

目标2：均衡的项目组合

一些企业寻求的第二个目标是根据一系列关键的指标获得均衡的开发项目组合。与投资基金类似，基金经理试图在高风险股票和绩优股之间、不同的行业之间获得平衡，以此获得最优的投资组合。

在呈现项目组合均衡方面，很多企业倾向于使用可视的图表。这样的工具包括组合图，也称为气泡图（见图7.4），还包括更传统的饼状图和柱状图。

气泡图。如果只是随意地观察气泡图，一些人可能会说："这些新方法无非是70年代陈旧的战略气泡图。"事实并非如此。回想BCG战略模型以及其他类型的模型，包括麦肯锡／GE模型，它们在市场吸引力和经营地位的网格图中标出了不同的业务部门。注意，其中的部门分析是SBU，一家已经存在的企业，它的绩效、优势和劣势都是众所周知的。相对而言，现今的组合气泡图则标出了项目或者未来的业务会有什么？至于网格图的参数，现有的SBU是采用"市场吸引力"和"经营地位"，而它们对于新服务开发则不太适合，所以企业广泛地使用了另外的一些参数。

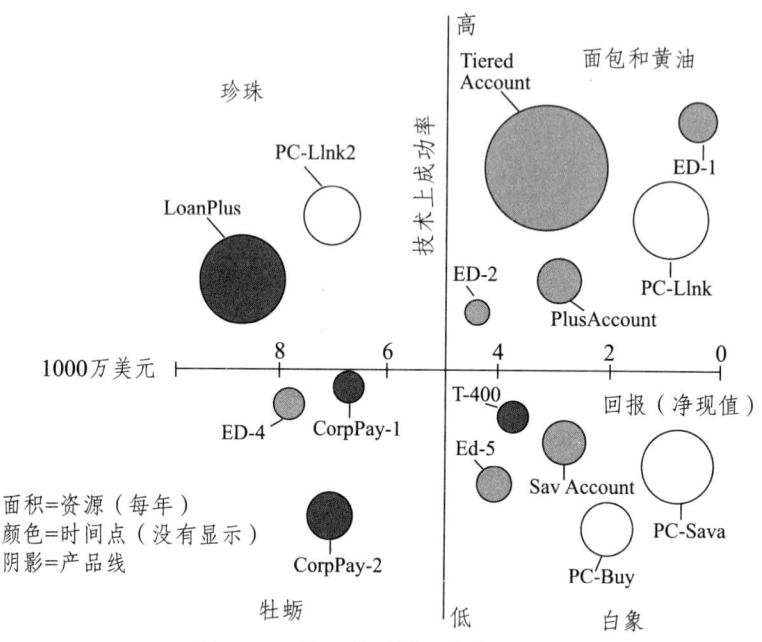

图7.4 B公司的风险回报气泡图

考虑哪些参数。企业要获得一个均衡的组合项目,应该在气泡图中采用哪些参数?不同的专家推荐了不同的参数和列表,有些甚至建议采用最佳平面图。根据我们对组合操作的研究,列出了一些采用最普遍的气泡图的参数,如图7.5所示。

风险回报气泡图。最普遍的气泡图就是各式各样的风险回报图(见图7.4)。在图中,一条轴衡量了企业所得的回报,而另一条是成功率。

排序	图表种类	第一个描绘的维度		第二个描绘的维度	采用气泡图的企业比例
1	风险与回报	回报：净比值内部回报率，发布后的利益，市场价值	BY	成功可能性（技太上、商业上、总共）	44.4%
2	新颖度	技术新颖度	BY	市场新颖度	11.1%
3	容易度和吸引力	技术可行性	BY	市场吸引力（增长、潜力、消费者吸引力、产品周期）	11.1%
4	优势和吸引力	竞争地位（优势）	BY	吸引力（市场增长、技太成熟度、推广年限）	11.1%
5	成本和时间点	推广成本	BY	到推广的时间	9.7%
6	战略性和收益	战略重心或契合度	BY	业务意图，净现值，财务契合度，吸引力	8.9%
7	成本和收益	累计收益	BY	累计开发成本	5.5%

图7.5 流行的气泡图（按照流行度进行排序）

一个方法是对企业所得的回报进行一次定性的评估，范围从"适度的"到"最佳的"。这里的理由是，过度强调财务分析可能带来严重的损失，特别是在项目的早期阶段。另一条轴代表了总体的成功率（商业上成功率乘以技术上成功率）。

与此相反，其他一些企业则对所得回报采用数据和财务上的评估，也就是项目根据概率调整的净现值。其中，技术上成功率由垂直轴表示，因为净现值的计算已经包括了商业上成功率。

图7.4是B公司的一个气泡图示例。在图中，每个气泡的大小代表了各个项目每年所需的资源花费（在B公司的案例中，它代表了每年所需的美元；也可以是人员或者分配到项目上的月工作量）。组合模型的四个象限分别是珍珠、牡蛎、面包和黄油、白象。

- 珍珠：这些是潜在的明星产品。这些项目具有很高的成功率，也会带来很高的预期回报。大部分企业都希望这种类型的项目越多越好。B公司有两个项目划入"珍珠"象限，其中一个已经分配到了大量的资源（用圆圈的面积来表示）。

- 牡蛎：这些是长远规划的项目。这些项目有很高的预期收入，但是技术上成功率不高。这些项目需要寻求技术上的突破，以此获得收入。B公司有三个这种类型的项目，其中没有任何一个项目接收到资源。

- 面包和黄油：这些是小的、简单的项目。它们有极高的成功率，但收益不高。这些项目包括对当前产品的延伸、改善和升级。大多数企业项目都属于这一类。B公司拥有的这一类项目很多（请注意，这里的大圆圈实际上是一组相关的更新项目）。在B公司的案例中，超过50%的资金投入了这些面包和黄油的项目中。

- 白象：这些项目的开发成功率低，收益也低，但是不可避免的是，它们不容易被淘汰。每个企业都有几个这样的项目，但是B公司拥有太多这样的项目。三分之一的项目和25%的支出都进入了"白象"这一象限。

观察图7.4所示的组合图可以发现，B公司存在着很多问题。它拥有太多的"白象"项目，将过多的资金投入"面包和黄油"项目。可是，

"珍珠"项目则缺乏足够的资金,"牡蛎"项目也面临资源不足的情况。

气泡图的一个特征是它促使高级管理层处理资源问题。在资源有限的情况下(有限的人员或资金),这些圆圈面积的总和应该保持不变。也就是说,如果企业在图中加入一个项目,则要相应地减去一个项目;或者,企业可以将几个圆圈的面积缩小。这里的精妙之处在于该模型促使管理层在加入一个项目的时候,要考虑它对资源带来的影响——别的项目可能需要为此付出代价。

在该气泡图中,阴影代表了与各个项目有关的产品线。B公司也用颜色表示时间点(在黑白图中无法显示)。红色意味着"马上发布",而蓝色意味着"项目的早期阶段"。因此,这个看似简单的风险回报图显示了很多信息,而不只有简单的风险和利润率。它还包括了资源分配、时间点、各个产品线的开支细分。

处理不确定性的风险回报气泡图的变体。风险回报气泡图有很多不同的类型。我们会讨论以下的一些方法并说明一些领头的企业是如何想到这些创新方法,如何衡量并呈现风险和回报。尽管这些企业不属于服务业,但是这些表格可以轻易地运用在任何行业中。

3M公司采用椭圆形气泡图。B公司的气泡图存在一个问题,就是它要求回报(即可能的净现值)和成功率都有一个点估计值。3M采用了气泡图的一个变体,以此有效地表述不确定的估计值。在计算净现值的过程中,各个不确定的变量都有乐观的和悲观的估计,这样一来,每个项目都会有一系列的净现值。同样的,技术上成功率也会有较低的、较高的和最有可能的估计。图7.6显示出得到的结果。在图中,气泡的面积和形状显示了项目的不确定性：非常小的气泡意味着项目在各个指标上有高度确定的估计值，而大的椭圆形则意味着项目的不确定性非常大（最差的情况和最好的情况存在十分大的差距）。

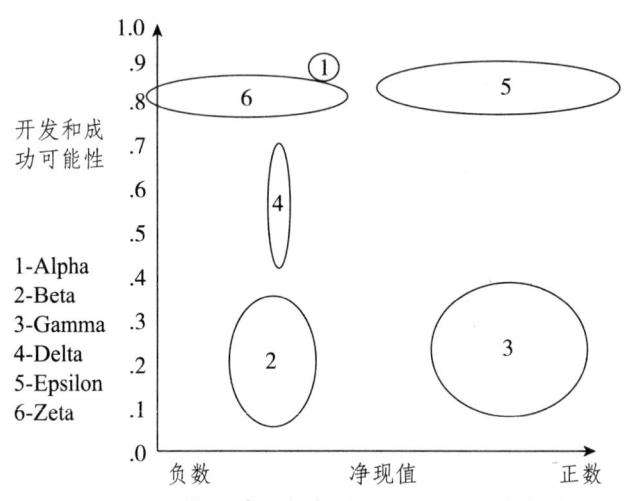

图7.6　3M的风险回报气泡图显示了不确定性

蒙特卡罗模拟法。在蒙特卡罗模拟法中，电脑会生成成千上万个不同的情景（因为参考了数千个旋转的轮子，故取名蒙特卡罗）。宝洁公司采用了蒙特卡罗模拟法处理概率问题。宝洁的组合模型具有三个维度，由CAD软件创建（见图7.7）[①]。其中，X轴代表距离发布的时间（时间越长，风险越高，回报的距离越远）。Y轴代表了净现值，它衡量了项目的预期回报（根据概率进行了调整）。Z轴代表了商业上的成功率，它由宝洁自制的New-Prod 2000模型计算而得。

---

① 这一独特的三个维度的组合图在宝洁公司仍然属于试验阶段（在写这本书的时刻），它正由联合的投资企业所开发。

· 202 ·

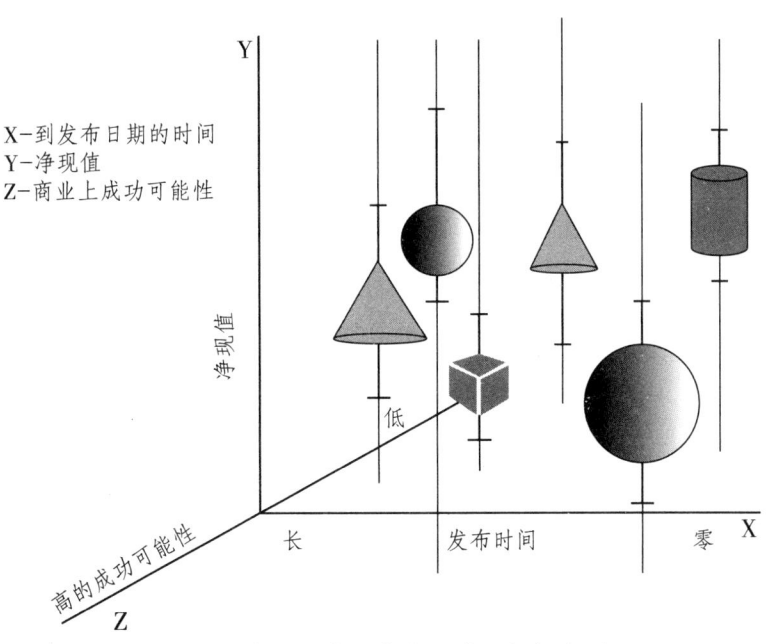

图7.7 宝洁三个维度的风险回报气泡图

因为考虑到商业上的不确定性,每一个变量(包括收入、成本、发布时间等)都需要三个评估值,较高、较低和非常有可能。根据这三个评估值,每一个变量都可以计算出一条概率的分布曲线。这些概率分布曲线会作为变量为项目生成各种随机的情景,从而得出财务成果的分布。根据这个方法,企业可以确定预期的净现值及范围。最终得到的净现值包括了所有的商业结果及它们的概率。宝洁将净现值的范围显示为I型标,垂直地标示在几何图中(见图7.7)。

组合管理的传统图表。企业要寻求均衡的项目组合,要考虑许多不同的变量。同时,企业也可以采用无数的柱形图和饼状图表述组合的均衡性。以下内容是一些示例。

时间选择。在寻求均衡的过程中,时间选择是一个重要问题。企业不希望只投资短期项目，也不希望只有长期项目。另一个时间选择的目标是在未来的几年内企业可以一直发布新服务：持续的"新的新闻"在整年内不会突然停止。图7.8的柱形图就反映了时间选择的问题，并且显示了根据不同的发布年份，企业在不同项目上的资源分配。例如，35%的投资都分配给第一年会发布的四个项目，另外30%的资源被分配给下一年会发布的四个项目上，依此类推。

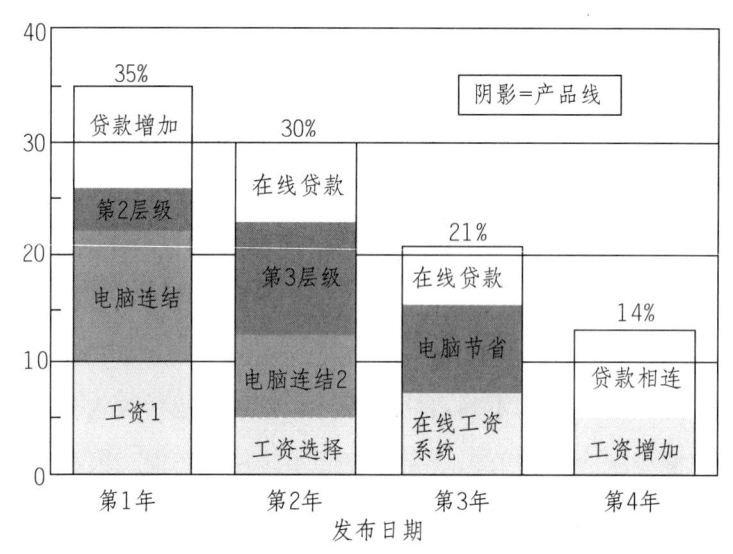

图7.8 发布时间：根据发布的年份，这一年的资源会进入项目的百分比

现金流。现金流是均衡的另一个方面。想要在这方面使项目均衡意味着现金流入量要与现金流出量保持合理的均衡状态。因此，人们设计了一张时间点的柱状图，它显示了组合中所有项目每年的总体现金流以及之后几年的现金流。

项目类型。项目类型也是另外一个重要的考虑因素。企业如何在不同类型的项目上投资，崭新的新服务、更新的项目（改进和替代）、平台项目、扩展项目、维护项目、降低成本的项目以及流程的改进项目？以及企业应该怎么做？饼状图可以有效地反映出不同项目类型的支出细分。图7.9显示了实际的和理想的细分情况。

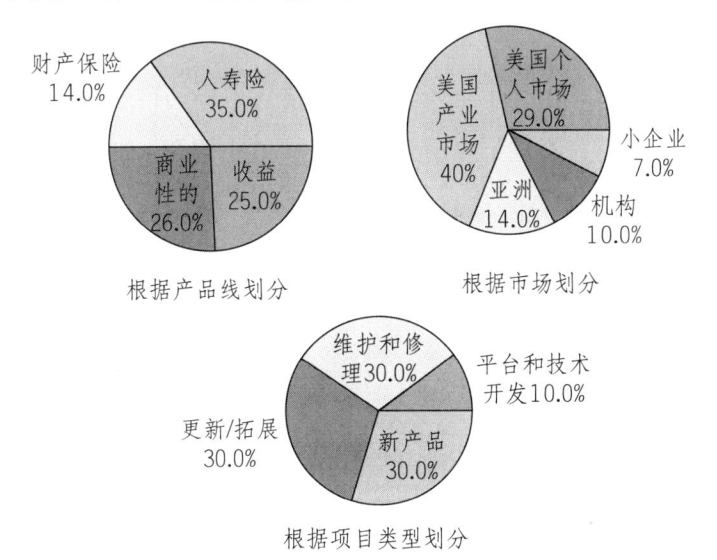

图7.9 根据产品线、市场和项目类型进行的资源投入的细分

市场、产品线和技术：这些要素为管理层寻求均衡提供了另一系列的维度。这里的问题是，企业在不同的产品线上是否拥有合理的投入？或者在企业的不同市场或细分市场中？或者在企业拥有的不同技术上？同样的，饼状图十分擅长捕捉这一类的信息并且将其展示出来。

关于组合中的项目如何实现均衡还有很多要说的。除了简单地获得价值高的项目组合外，还有很多内容值得讨论。均衡也是一个可以讨论的问题。麻烦的是，实现均衡或者选择一个合适的工具来达到均衡，要比概念困难得多。尽管有很多精心设计的方法和图表，但是企业在寻求均衡方面还是会遇到各种问题：

- 一些更为流行的气泡图和上述的最大化模型存在同样的缺陷：它们依赖大量的财务数据，但是这些财务数据要么无法获得，要么十分不可靠。

- 过多的信息会让人不知所措。"图表，数不尽的图表！"一个管理者在快速翻阅了十多个显示项目组合方方面面的图表后如此抱怨。
- 这些方法只是呈现信息，而并不是决策模型。与价值最大化的方法不一样，这些方法并没有带来一个实用的优先项目的排序列表。
- 通常，人们并不是十分清楚什么是"适当均衡"的项目。企业可以从不同的表格中获取各种信息，但是除非一个组合非常明显地失去了平衡（如图7.4中B公司的情况），企业该如何知道一个项目是否实现了均衡呢？

组合均衡的方法不是完美的，但这一点并不意味着企业应该完全放弃它们，而是应该提前考虑好，图（例如图中的轴代表什么）和表格（显示哪些参数）的选择必须考虑周详。企业要避免的是采用过多的图和表格。同时，在采用前，企业要确保在组合审评或者门径会议上对它们进行使用测试。

目标3：在组合中加入战略

战略和资源分配必须紧密联系在一起。当企业开始花钱时，战略就开始了！当企业开始将资源分配到具体的活动中，例如分配到具体的开发项目中，战略才不再是战略文件中的文字。

企业的使命、愿景和战略可以帮助企业做出决策，决定向哪里投入资金。例如，如果一个企业的战略使命是"通过领先的新服务开发实现成长"，它必须通过一系列正在进行的创新项目反映出使命。这些项目是真正具有创新性的，同时可以带领企业成长。同样的，如果战略聚焦某些特定的市场、服务或者技术类型，那么大部分开支也应该聚焦这些市场、服务或技术。

一个业务部门的高级管理者说："我们业务部门的战略是通过产品领导能力取得快速的成长。"但是，他们大部分的资源都用于维持项目、调整和扩展项目。很明显，陈述的战略和资金的分配存在脱节的情况。

连接战略与组合的方法。企业如果想在项目组合中实现战略的一致性，一般会遇到两个问题。

战略协调性：是否所有的项目都与企业的战略一致？例如，企业已经确定了将某些特定的技术或市场作为聚焦的关键领域，那么这些项目是否符合这些领域呢？它们是在范围内还是范围外？

开支细分：企业的支出细分是否反映了企业的战略重点？如果企业是一个成长型的企业，那么其大部分开支应该投入那些会使企业成长的项目中。简单来说，如果企业把所有投入资金的领域加起来，它们与其陈述的战略总体一致吗？

有两个方法可以融入战略一致性这一目标。自下而上的方法会将战略标准加入项目选择的工具中。企业可以在过关／淘汰和优先级排序的工具中加入各种战略标准，实现战略的协调性。自上而下的方法是战略桶的方法。它会从企业的战略出发，然后拨出一部分资金将其用于各个不同类型的项目。

自下而上——在项目选择工具中加入战略标准。评分模型不但对最大化组合的价值十分有效，也可以确保战略的协调性。在评分模型的多个目标中，除了成功率，企业也可以考虑最大化战略协调性，即简单地将一系列的战略问题加入评分模型中。

案例：在某家企业的评分模型中，企业采用了20个标准对项目进行优先级排序。其中，六个或者差不多三分之一的标准都涉及战略问题。因此，那些和企业战略一致的、拥有战略杠杆作用的项目很可能上升到列表的顶端。的确，我们无法想象那些"偏离战略"的项目是如何进入项目列表中的，因为评分模型会自然而然地将它们剔除掉。

同样的，在进行优先级排序之前，另一家企业会在门径会议上使所有的项目都符合一系列必要的标准。在这个必须满足的标准清单上，第一项就是战略协调性。不符合这一标准的项目会被立即淘汰。接着，企业会采用一系列的应该满足的标准，并采用评分模型的方法。如果项目没有达到某个最低标准，它就会被淘汰。这个评分模型包含了一些战略方向的标准。

因此，企业可以采用在项目层次上的列表和评分模型并且加入战略上的标准。如此一来，那些"偏离战略"的项目就不会通过该入口，而那些具有良好战略协调性的项目则会获得较高的分数（见图5.8和图5.9）。

自上而下的战略方法——战略篮子模型。战略协调性可以通过评分模型来评估，但是，要确保最终的项目组合可以真正地反映出企业的战略，即花钱的领域可以体现企业的战略，唯一的途径就是自上而下的方法。

战略篮子的方法基于一个简单的原则，即实施战略等于在具体的项目上花钱。因此，设定项目组合的要求实际上意味着设定开支的目标。

这个方法会从企业的战略出发，推动高级管理层根据一些标准决定如何分配其稀缺的财力资源。在这个方法中，企业会建立"资金篮子"。现有的项目会归类到不同的篮子中，然后，企业确定各个篮子的实际开支是否与理想开支一致。最后，对各个篮子中的项目进行优先级排序，以此获得一个最终的项目组合，这个组合会反映出企业的管理层战略。

这个方法听起来很简单，但是其中的细节却略微复杂。首先，高级管理层需要为企业制订前景和战略。为了达到这些目标，企业需要明确战略目标以及总体的进攻计划，这也是一个相当基本的企业战略操作。接着，它们会根据一些关键的战略标准进行选择，企业的管理层会根据各个标准将技术和营销资源分配到不同种类的新服务中。下面是一些常见标准的介绍。

- 战略目标：管理层必须将资源分配到具体的战略目标中，例如防御基地、多样化、扩展基地等。
- 产品线：A产品线要投入多少资金？B产品线？C呢？一家企业在其产品生命周期曲线上描绘了一系列的产品线的位置，以此确定分配比例。许多银行将技术资源分配到不同的产品种类中，确定每一个种类都有合理的预算。
- 项目类型：企业应该将多大比例的资源投入新服务的开发项目、维持类的项目、流程改进的项目或者平台开发的项目？如图7.9和图7.10所示，饼状图可以描绘出理想的分配比例。
- 熟悉度矩阵：根据企业对它们的熟悉程度，企业应该如何将资源分配到不同种类的市场和技术中？一个方法是采用"熟悉度矩阵"。它是由罗伯特提议的，基于技术的新颖度和市场的新颖度帮助企业分配资源（见图7.11）。

这个明星方法（见图7.10）是一个战略桶的方法，它简单地划分项目类型。企业的管理团队会从企业战略出发，将资源分配到三种类别的项目上：可能会带来重大突破和新技术平台的平台开发项目、新服务的开发项目以及维护项目（技术支持、改进和提高等）。管理层会对各个类别中的项目评分并排序，确定这样的开支是和战略一致的。

图7.10　组合管理的明星方法

技术新颖度	市场新颖度	
	已存在/基础	新的
突出的新产品	突出的服务开发	新的业务和新的投资
新的但是熟悉的	新的服务项目（已有的产品线）	市场开发
基本的	防御和渗透	市场扩展（客户应用项目）

在熟悉度矩阵中，资源根据项目类型进行划分

图7.11　熟悉度矩阵：技术和市场的新颖度

在完成战略操作后，管理层会建立不同的项目类别作为战略篮子。在这里，各个战略标准会合并成几个方便操作的篮子。下面是企业可能会采用的一系列篮子：

- A产品线和B产品线的服务开发项目。
- 降低成本的项目。
- C产品线和D产品线的更新项目。

接着，企业确定各个篮子的理想开支："应该是怎样的"。在先前谈到的战略分配操作中，企业得到了各个类别的理想开支比例，在这个时候可以将其合并。企业进行缺口分析。现有的项目会被分配到不同的篮子中，而各个篮子目前的总体开支会进行汇总，即"实际是怎样的"。进而，企业确定每个篮子的支出差距，即"应该是怎样的"和"实际是怎样的"之间的差距。

最后，企业采用评分模型或财务标准对各个篮子中的项目进行排序（见图7.12）。企业可以调整组合，采取的方法包括立即剔除项目或调整未来项目的批准流程。

战略篮子的一个主要优势在于它将开支与企业的战略紧紧地联系在了一起。当项目组合和各个战略篮子的开支会与管理层的理想开支一致时，项目组合就能够真正体现企业的战略。

新的服务： A产品线 目标投入： $8.7M	新的服务： B产品线 目标投入： $18.5M	维护 A和B产品线 目标投入 $10.8M	降低成本 所有产品线 目标投入 $7.8M
项目A 4.1	项目B 2.2	项目E 1.2	项目L 1.9
项目C 2.1	项目D 4.5	项目G 0.8	项目M 2.4
项目F 1.7	项目K 2.3	项目H 0.7	项目N 0.7
项目L 0.5	项目T 3.7	项目J 1.5	项目P 1.4
项目X 1.7	GAP=5.8	项目Q 4.8	项目S 1.6
项目Y 2.9		项目R 1.5	项目V 1.0
项目Z 4.5		项目V 2.5	项目AA 1.2
项目BB 2.6		项目W 2.1	

每一列的项目都根据一个财务指标进行排序：净现值×成功的可能性，或预期商业价值，或一个评分模型。

图7.12 四个战略篮子、各个篮子的理想资源分配以及各个篮子中的项目排序

战略篮子模型的另一个优点在于它考虑到所有的开发项目都会竞争同样的资源，因此在组合方法中项目都应该被考虑进去。例如，开发项目一定会和降低成本的项目竞争，因为它们都会采用技术资源。

最后，不同类别的项目会采用不同的标准。因此，一个项目不会面临与十分不同类型的项目进行比较和排序的情况——例如大型的新项目和小型的调整项目。因为这个方法需要两个步骤（首先将资金分配到篮子中，然后对各个篮子中的项目进行优先级排序），因此，企业不需要建立适合于所有项目的评分或排序标准的清单。

这个方法的一个主要劣势在于它对高级管理层所施加的重担。这是一项十分耗时的、费力的工作。此外，在没有考虑具体项目的情况下被迫对项目分配资源，这对企业来说可能是一项脱离实际的操作。最后，在资源分配上，企业常常采用过多的维度。有一个方法可以避免这个问题，就是根据企业战略，企业只聚焦几个最相关的维度。

案例：在一家企业中，战略规划的负责人倾向不按照上述的维度划分开支。相反的，他的秘诀是选择性分类："这里的关键是明确企业的战略重点领域。企业需要明确它的战略……根据市场或产品线，或者技术领域。例如，如果一项特定的战略计划是'针对X市场进行新服务开发，推动企业成长'，那么，'针对X市场的服务'就是明确的战略重点领域。管理团队需要明确他们要将多少精力（或资金）投入各个战略领域中……这就是组合管理的本质了！"

自上而下和自下而上：这是一个综合方法。自上而下和自下而上的方法都存在一定的缺陷，几家企业在尝试克服这些问题的时候采用了混合的方法。例如，斯普林特的一个业务部门在分析项目时采用了自下而上的方法，而在计算金额总数时则采用了自上而下的方法。初看时，这个方法与战略篮子的模型相似。

- 该混合的方法从企业的战略出发：使命、战略领域和优先级。
- 企业会根据这一战略为不同类别的项目制订暂时的开支分配，例如对不同的产品线、市场、技术、项目类型以及其他相似的分类。

到目前为止，这个方法与自上而下的方法十分相似。我们要考虑自下而上的方法。

- 企业会对目前所有的或进展中的项目、所有暂时搁置的项目进行评分排序。这一排序会采用价值最大化的方法，例如一个评分模型或本章先前概述的其他一些方法。一些企业会采用最近的门径会议上所获得的评分、排序或数据，而另一些企业则对项目重新评分。
- 这一方法会得到一个优先级排序的列表：对所有准备中的项目和潜在项目排序。列表顶端的项目明显是"过关"项目，而靠近底部（或在截止线以下）的项目则明显会被淘汰——至少在第一次重复筛选的时候。

最后的步骤是将自上而下的和自下而上的结果合并起来。注意，企业可以根据自下而上的方法得到一个项目列表，并根据这一列表划分资源。可是，这一资源划分常常与自上而下的方法所得到的资源划分不一致。因此，在第一次筛选的时候，这两个方法不会得出一致的结论：

案例：A银行采用的战略规划操作十分典型。它采用了评分模型对项目评分排序。其中的一项检查是企业加入了评分的方法，确保项目开支与企业的战略紧密关联，这也是它们的"战略规划"法。

"战略规划"是宏观层面的战略规划操作。在12个产品种类中，每一个都会通过一个战略操作进行评估，从而获得各自的战略。"战略规划"对12个产品种类评分，将其归类到麦肯锡的网格图：明星产品、现金牛产品、瘦狗产品和问题产品[1]。该图可以帮助企业得到关于各个产品种类的暂定开支细分。

企业采用评分模型对所有进行中的和暂时搁置的开发项目单独评分排序。

---

[1] A银行采用了和标准模型稍微有点区别的命名法，但是四个象限的意思是一样的。

在排序列表中，截止点就是总体开支达到总预算的位置；在截止线上端的任一项目都是"一刀切地过关"。这些"过关"的项目会根据产品种类分类，同时，产品种类的总体建议开支会作为收入的百分比计算出来。接着，企业比较各个种类的百分比，确定各个产品种类的战略是否存在不一致的情况，即每个种类的开支水平和理想开支之间的差距。例如，如果一个产品种类被归为"维持并防守"的产品线，但是却通过评分模型得到了一个很高的开支百分比，那么这里就存在差距。

企业要进行第二轮的项目优先级排序。此时，原本"过关"的项目则从"过关"列表中移除，这使项目组合进一步向"战略规划"法所要求的组合迈进。要进行几轮的操作，企业才会得到一个一致同意的"过关"项目列表：根据评分模型，优先级的排序列表会包括非常好的项目；同时，开支分配会正确地反映出各个产品种类的战略。

这种自上而下、自下而上的方法要核查所得到的项目列表及它们的开支细分是否确实符合企业的战略以及暂定的理想开支细分。与此同时，这个方法也全面地考虑了所有的项目，包括进行中的和暂时搁置的项目及它们的相对吸引力。

"战略规划"法类似于战略篮子的方法，它们都能确定各个领域（在这个例子中是产品种类）的理想开支，确定差距，获得相应的项目组合。然而，这个方法却颠倒了步骤的次序。首先，项目根据优先级排序；然后，企业检查开支细分是否与企业的战略一致。这个方法相对容易实施，降低了对高级管理层的要求。

迈向综合的组合管理流程

现在的挑战是将组合管理决策和在入口处做出的决策结合起来。要实现这一目标,企业可以采纳两个方法,这两个方法本质上的差异是企业采取什么决策模型分配资源。

方法1:这些入口就好像是主要的决策流程。如果这个项目具有优势,那么它就会分配到资源。企业会定期举行组合会议,主要目的是检查这些入口是否运作良好。

方法2:组合会议占主导地位。通常,一次早期的入口会议和组合评审进行合并,就是进行一次"大型的入口2"会议。在这次评审会议中,企业会评审所有新的和现有的项目,进行优先级排序。接着,项目获得批准并分配到资源,而接下去的门径会议则只是作为一个检查站或者项目评审会议。

哪一个组合管理的流程更适合企业呢?这不是一个容易的问题,因为它的正确答案不是唯一的。但是,我们会提出一些建议,这些建议基于我们对最佳操作的研究,包括哪些方法可能有效以及管理层对于各个方法的观点。

方法1：入口占主导地位

入口占主导地位的组合管理流程包括了三个决策流程（见图7.13）[①]。每一个流程都相互关联。如果企业想达到有效的组合管理这一目标，这三个决策流程需要同心合力。

1.业务部门层次的战略开发。在理想的情况下，业务部门的战略也包括了新服务的战略，它明确了目标（例如来自新服务的收入百分比）、重点领域（例如新服务的市场、技术和领域）、甚至包括进攻计划和相对优先级（例如各个市场、技术和项目类型在理想情况下的开支细分）。

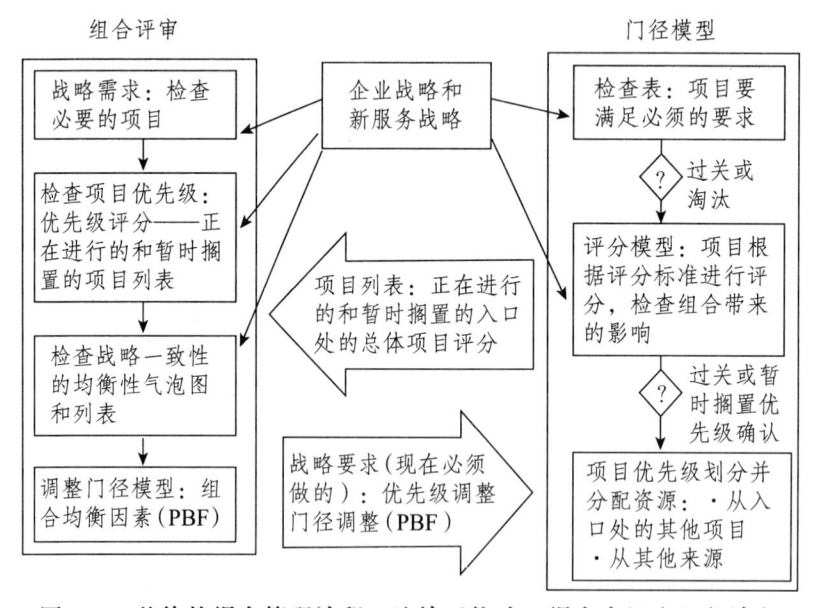

图7.13 总体的组合管理流程，连接了战略、组合审评和门径流程

---

① 想获得更多的信息，可以参考罗伯特·库珀、斯科特·埃迪特、埃尔科·克兰施米特的《新产品的组合管理》（1998）。

2.业务部门的门径模型。引导项目从创意到发布的正式流程是综合的组合管理系统的一部分。在这个时候，企业做出实时的组合决策。在这些入口处，企业对个别项目做出过关／淘汰决策，与此同时分配资源。

第五章曾谈到，企业会在入口处划分项目的优先级，分配资源。在出口处，企业将建议的项目与进展中的项目、暂时搁置的项目进行比较，从而做出资源划分的决定。

3.组合评审。在定期的组合评审中，所有的项目，包括进行中的和暂时搁置的，都会参与评审和比较。管理层所面对的一个重要问题是，企业是否有一系列合理的进展项目？企业是否的确想在这些项目上投资？

组合评审每半年或者三个月举行一次。它的作用就是对门径流程中的决策定期检查。如果这些入口运作合理，那么组合评审就应该只是一次轻微的纠正。但是，如果在组合评审中企业做出了过多的过关和淘汰的决策，那么企业就需要严格地审查自身的门径流程，因为其中一定出了问题。

组合评审是整体性的：所有的项目都会纳入考虑范围。我们把处理个别项目的入口决策看成手指，那么组合评审就是拳头。在组合评审中，企业务必要检查其项目组合是否满足了组合管理的三个目标，企业的最大化价值、均衡性、战略联结。我们建议企业在组合评审中可以采取以下的组合评审模型。

获取最大化的组合价值：入口评分模型是对项目评分排序的绝佳方法。它不单适用于入口的位置，也适用于组合评审。企业通过这个方法获得最佳项目的优先级排序。企业还可以考虑采用类似第五章强调的标准，这些标准经过了验证，十分有效。或者，如果企业受财务推动十分明显，或者新服务的财务预测十分准确，企业可以采用财务指标对项目进行排序，例如ECV和项目成本的比例。

实现均衡性：均衡性可以通过不同类型的图表展示出来。

• 采用气泡图显示收益和风险。如果企业除了财务目标外还有其他目标，且其财务评估十分不确定，那么就要少依赖财务数据，而是使用气泡图。这个气泡图的轴来自对回报的质量评定，或者企业采用标准的风险回报气泡图（见图7.4）。

• 采用饼状图和柱状图显示各个市场、技术、项目类型和发布时间的开支细分（见图7.9）。

实现战略一致性：为了将资金预先分配到不同的篮子、项目类型或市场、技术、或产品线，企业可以考虑采用战略篮子的方法。许多高层管理者似乎喜欢图7.10中的明星方法或者采用自上而下、自下而上的方法确保开支细分反映出企业的战略优先级。此外，企业要确保将战略性的标准，即协调度和重要性，加入其入口评分模型中，推动战略内的项目上升到列表的顶端。

管理层需要沉思的要点

①确保企业已经拥有了有效的门径流程（见图7.13的左侧）。企业不应该依靠组合评审纠正不良的门径流程所导致的问题。

②入口应该有明确定义的、一致的、预先设定的、清晰的标准，帮助企业做出过关／淘汰和优先级的决策。

③入口可以通过下面三个方法实现组合的均衡和战略一致性。

- 战略篮子或者目标支出水平的方法。
- 将战略性的标准加入入口处的评分模型中。
- 在入口会议上采用优先级的评分列表和各种气泡图和表格（显示组合中其他项目的图或列表，加入现有项目所带来的影响）。

④组合评审帮助企业确认它是否已经选择了合理的项目组合——作为对入口决策的检查。

方法2：组合评审会议占主导地位

这一方法仍然包括方法1和图7.13中提到的三个决策流程，战略开发、门径流程和组合评审。但是，这里的组合评审会议将在资源分配上占主导地位。资源分配的决策不是在入口处制订的。

这一方法如何运作呢？很简单，项目通常在第1阶段或第2阶段完成后进入组合流程。因此，企业可以获取关于这个项目的一些数据，同时，初步筛选淘汰明显的不理想的项目。

接下来，企业合并组合评审和大型的入口2的会议。所有已经完成了第1阶段的新项目准备好进入入口2，接受评审和优先级排序。其余的进展中的项目，即那些已经通过了入口2的项目也会进行评审。（如果企业觉得为时过早或者还没有充分的信息，也可以在入口3，而不是入口2召开这一大型会议。）

如果需要，这一组合／入口2的评审一年当中可以举行多次。但是以往的经验显示，一年四次已经足够，再多的会议就略显多余，而评审少则会延迟项目。请记住，在这些会议上，所有进展中的项目都可能被淘汰或被重新划分优先级，而企业也会在这个时候进行资源分配，而不是在入口会议上。

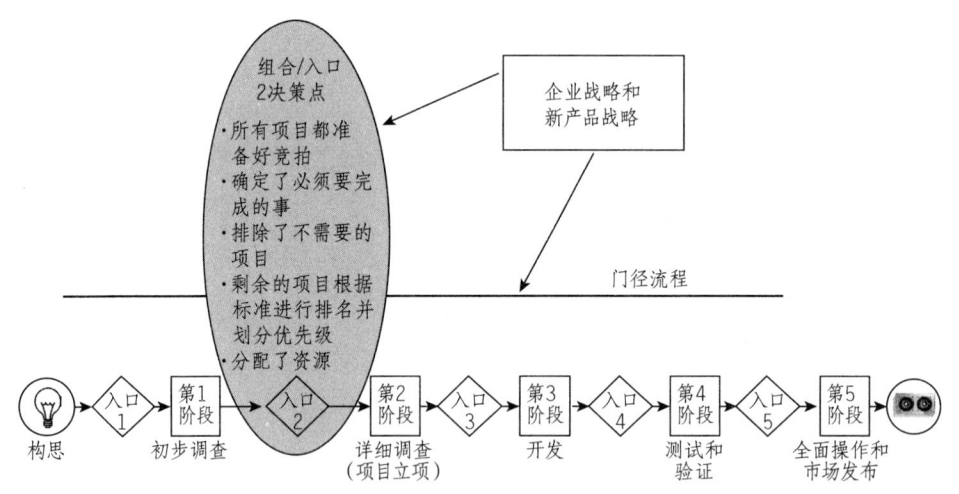

图7.14 方法2：组合管理流程，联结了战略、组合审评和门径流程

这里的重点转变为在组合／入口2的会议上分配资源，这也是方法1和方法2的主要区别。在方法2中，入口2之后的入口会议只是项目的简单检查或评审点。这些接下去的会议检查确保项目是按时、按方向、并且是在预算内进行的。此外，它们也变成质量控制检查站，确保这些入口的可提交成果可以满足一定的要求。接下去的入口也被用来确保项目本身处于良好的状态。在这些会议中，项目可能被淘汰或者要求重新再做。

这一组合评审／入口2的会议模式是操作的？下面是建议使用的方法。

1.评审企业战略和新服务的开发战略。

2.企业确定必须要做的项目。这些自动通过的项目或者是"不容置疑的项目"处于优先级列表的顶端。它们常常是对企业十分重要的项目，同时，这些项目处于开发流程的后期阶段，仍然十分合理。明确这些必须要做的项目会夺取资源库中的一部分资源。

3.对应该被淘汰的项目，企业进行确认、讨论并淘汰。这些项目可能因为商业原因无法通过入口2，或者到了后期阶段不再有吸引力。这会缩短项目列表，淘汰的项目也会释放出更多的资源。

4.组合评审团队进一步对处于中间层次的项目评审和投票。

5.项目进行排序，直到所有的资源都分配完毕。

6.最后的一个步骤是回顾列表，核实它的合理性——合理的均衡性以及战略上的一致性。在这个阶段，企业常常会重复进行第4和第6步骤，以便获得正确的项目组合。

方法2比方法1优越的方面在于当管理团队在入口处同时检查所有的项目，而不是单独的项目时，它更容易对项目进行优先级排序。此外，一些管理者批评方法1，因为企业在入口会议上分配了资源。他们认为，在不知道别的项目正在使用什么资源时，企业很难将资源分配到项目中："某个要想获得资源，就要有能力把资源从另一个项目中夺走。这样一来，我们就没有可分配的资源了。"方法2的另一个优势在于项目会定期进行优先级排序，而只有那些必须要做的项目才是不可侵犯的。

当然，方法2也存在劣势。要在会议上淘汰一个项目，企业需要可靠的、更新的信息，项目团队也需要清楚明白更新的项目进展，这会给项目团队带来更多的工作，并延长项目所需的时间。其中，减少项目团队工作量的方法是，企业不需要每一个项目团队都展示更新的信息，只有那些遇到困境的项目才会进行评审。

管理层需要沉思的要点

除了可靠的开发流程和有效的入口，企业还需要进行阶段性的组合评审（见图7.13）。我们知道，入口是对个别项目的检查，而组合评审则会观察汇总所有项目，这是手指和拳头的关系。下面是组合评审中的一些重要步骤。

①检查企业的战略需求——必须要现在处理的项目。

②检查项目的优先级排序：采用优先级排序列表并识别其中不一致的地方。

③检查均衡性和一致性：采用建议的气泡图、表格和图。

④如果使用方法1，那么确定门径流程所需要的调整。

⑤如果使用方法2，那么进行项目评审并对项目进行优先级排序。

下面是组合评审中建议采用的表格和图：

- 风险回报气泡图（净现值和可能性，或者非财务回报和成功率）。
- 显示了资源分配的饼状图（战略篮子的方法）。

总结：组合管理流程

组合评审是对组合中所有项目的总体评审。企业的领导团队为组合评审组成员，定期举行评审会议。如果使用方法1，那么在评审中，企业检查的是在入口处做的决策，并对项目组合和门径决策流程做出必要的调整。如果使用方法2，企业会更频繁地举行组合评审会议，在入口2处做出过关／淘汰的决策。

不管企业适合哪一个方法，三个关键的要素必须和谐运作（见图7.13）：企业战略和明确的开支细分、开发流程及其入口都运作顺畅，以及组合评审采用了多个表格和清单。由此得到的一个项目组合应该能够为企业提供良好的经济回报，同时，它也可以反映出企业的战略和方向，帮助企业实现其新服务目标。如果流程中的任一部分没有运作顺畅，如企业没有明确定义的新服务战略，或者开发流程或门径流程出现故障，那么所得到的结果不会尽如人意。

新服务处于企业战略的前端。企业现在所做的决策决定企业在未来三年提供的服务和市场地位。因此，在现阶段做出合理的决策是至关重要的，组合管理和项目选择对企业的成功十分关键。确保企业已经拥有了制订决策的必需品：有效的组合管理流程。

第八章

定义、设计和应用企业的新流程

Defining, Designing, and Implementing Your New Process

在新的时代，新服务的开发是企业管理层所面临的最重要的挑战之一。而且，新服务开发流程的设计和应用是一项非常有难度的任务，不管是在概念上还是在操作上。

落实新服务的开发流程很像开发并发布一项新服务。区别在于它建立的是新的管理流程，而它的客户则是内部的，即企业自身，而不是外部的。

企业应该如何开始设计、应用新服务的开发流程？首先，企业要意识到流程的改变是组织变革中最有难度的任务之一，因为它影响到企业的文化。其次，企业要留意到这是一项重大措施，需要企业中大量员工的协助和投入，包括组织的管理团队。大多数成功建立了新流程的企业都采用了下述的三个步骤，这三个步骤是本章的三个主要部分（如图8.1所示），明确流程要求、设计流程、应用流程。

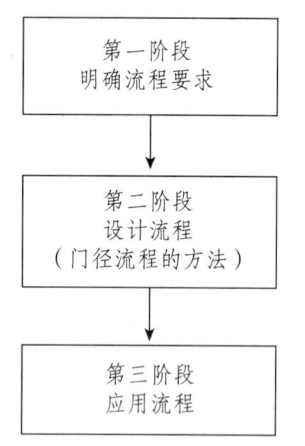

```
┌──────────────┐
│  第一阶段    │
│  明确流程要求│
└──────┬───────┘
       ↓
┌──────────────┐
│  第二阶段    │
│  设计流程    │
│（门径流程的方法）│
└──────┬───────┘
       ↓
┌──────────────┐
│  第三阶段    │
│  应用流程    │
└──────────────┘
```

图8.1 应用门径流程中的关键阶段

本章详细地介绍各个步骤，制订比赛规则。在比赛规则中，我们借鉴了成功制订出新开发流程的企业的经验。

步骤1：奠定基础——明确流程要求

步骤1包括了明确有效的新服务开发流程的要求。这是首先的并且必要的阶段，也是常被流程设计团队所省略的阶段。明白一个问题是找到解决方法的首要步骤。任务团队常常仓促地得到一个解决方法，他们认为已经了解了问题所在和相应的方法。不幸的是，当他们提出"解决方法"时，惊讶地发现他们的同事们对此都不买账。不久，这个流程就会慢慢死去。为什么呢？因为这个团队没有进行必要的前期工作，也不明白新流程应该包括企业内部的需要和问题。这一失误类似于企业开发一项新服务，事先没有从潜在客户那里获取重要的意见和看法。

这一个明确要求的步骤有两方面的目的：

• 为了了解企业所面临的关于新服务开发需求的问题，简而言之，就是确定要调整的需求。

• 为了描绘出开发流程的步骤：这个流程必须是怎样的、要做什么、如何发挥作用、要求应该是什么。

案例：某家电力公司深入检查其中其新服务开发流程，发现它存在一些重要的缺陷。第一，开发流程虽然存在，但是它没有明确定义的入口标准，对项目做出过关/淘汰的决策，该流程也没有严格遵守，因为在哪些项目应该通过该流程这一问题上缺乏一致的意见。第二，即使在缺乏商业分析（财务和市场信息）的情况下，项目仍然向前推进。第三，这个流程中的各个阶段没有标准的活动列表供企业参考。第四，太多的项目涌入发布前的决策点，不料却由于战略上的原因，高级管理层推翻了项目团队的计划。太多的项目在最后一刻被淘汰，而企业已经在这些项目上投入了数月的工作和庞大的资金。

随着这些问题被发现，该企业的新服务开发流程的要求也变得愈发清晰。

1.这个流程必须在项目的早期，即开发前的决策点阶段，就将高级管理层纳入其中。对进展中的项目进行评审的人员也应该包括管理层人员，这样就不会有最后一刻淘汰的意外出现。

2.高级管理层必须领导。他们是将军，他们对企业的责任在于制订战略。在我们和管理团队的第一次会面中，他们承诺完善企业战略，并迈向新服务的战略。这包括明确定义的领域、这些领域的优先事项、目标的支出水平。

3.战略和入口应该具有明确的活动和标准，同时，在流程中加入哪些项目需要意见一致。

步骤1的关键任务如下所述。

组建任务团队。一个或者几个人是没有能力设计企业新服务开发流程的。这不是一项简单的任务，委派一个人处理这项工作无法获得成功，因为个人的观点过于狭隘。需要多角度思考才能全面地了解企业中新服务开发的角色和含义。

我们建议，企业可以组建新服务开发的任务团队，负责执行下述的各个步骤，从而设计、应用企业的新流程。企业需要谨慎选择任务团队的成员。他们应该是企业中的思想领袖（不一定来自高级管理层），在新服务方面有经验，他们应该是企业各个部门的代表，他们应该具有投入这项工作的充足时间。这个任务团队应该有高级管理者的大力支持，并且有指定的执行发起人，同时，他们应该配备一名领队，这个领队受人尊重并且对于即将到来的工作充满热忱。

在必要事项上，企业的意见要明确并且一致。任务团队需要和执行发起人或发起团队共同制订出必要事项。必要事项说明任务团队要完成的事、不应该做的事、发起团队期望见到的可提交成果。这个发起团队应该在这一必要事项上签字，认同自身的角色，并且向任务团队表明他们会提供帮助。

举办一次启动会议。企业可以考虑为这项工作举办一次启动研讨会。被誉为"新服务开发的最佳操作"的研讨会可能持续1~2天，集中讨论最佳操作的方法。企业可以邀请一个规模较大的团队，主要是企业中可能成为新流程的使用者，例如项目团队成员、项目领导者以及他们的直接上司。企业也可以通过启动会议或者特意举行会议将高级管理层纳入这一范围。像这样的一次活动可以在三个方面发挥作用。

首先，它使企业意识改进的需要。观察其他企业的最佳操作是绝佳的开始。此外，在研讨会上，执行发起人会重申企业的新服务目标和战略，这常常表明企业需要改变前进方向。此外，执行发起人还会声明新流程的计划并向参加者介绍任务团队的成员。

其次，这样的研讨会可以帮助企业确认开发新服务的过程中出现的问题。例如，研讨会可以加入"问题识别"环节。因此，研讨会可以扩大为"员工大会"，广大员工都可以发表他们的意见、问题和建议。

最后，启动会议可以获得企业层面的支持。请记住，对新的方法和操作来说，要获得企业的支持是一项十分艰巨的任务，而企业的支持必须在计划启动的头几天内就开始进行。其中的一个方法是举行启动会议，从而获得支持。在启动会议的最后，企业可以加入"前进的路线是什么"的团队练习，参与者可以为任务团队提供下一步骤所需的方向。任务团队的成员们是研讨会的主持,他们必须充分利用这次机会为前面的道路寻求意见和支持。

回顾文献。任务团队的成员们要彻底地回顾文献,了解其他企业已经说的和已经做的。这项工作需要任务团队成员置身这些文献和相关文献中。

与别的企业进行基准测试。与别的企业进行基准测试的建议需要谨慎采纳。首先,全面了解别的企业会花费大量的时间。其次,一些操作较优的企业常常被进行基准测试,它们已经抵触这样的提议(或者勉强同意,但是没有全力支持)。最后,任务团队成员们一般不是研究企业的专家,因此,他们的基准测试工作很有可能不尽如人意。团队成员们常常一开始充满热情地评估别的企业,但渐渐丧失了热情,因为他们很快意识到这不是一件容易的工作,而且也没有很大的收获。在这里,我们给出两点建议。

- 寻求专家的帮助,特别是在企业设计基准测试的方法时。很多有经验的供应者十分擅长基准测试。
- 寻求文献的帮助。第一章到第三章提供了相当全面的行业最佳操作的基准测试结果。

内部审计现有操作。对现有操作和企业自身的问题进行一次研究。和外部的基准测试相比,这一内部的审计会带来更少的问题,应该是一项更容易的任务。令人惊讶的是,很多任务团队省略了这一步骤,很大程度上是因为他们认为他们已经知道了答案。这大错特错。我们参与的每一个内部的3P(操作、绩效和问题)研究都得出了一些重要的启示。这些研究发现远远超过了任务团队的初步认识和了解。因此,不要省略这一项任务。

下面是其中的一些建议。

• 进行3P研究：3P研究聚焦企业的操作、绩效和问题。我们已经开发了一个方法，称为ProBE，即产品基准测试和评估测试，帮助企业完成这项工作。ProBE方法是基于问卷调查的内部审计，审计的对象是企业的新服务操作、绩效和问题。接着，ProBE会将企业的操作和绩效与一般的企业以及前20%的企业进行比较。这个方法和数据是基于大量样本企业的基准研究。或者，企业可以制订自身的基准问卷调查，采用单独采访、邮件调查或企业内部讨论组的形式了解现有的开发措施及其缺陷——哪些地方需要调整、哪些地方看起来有效。

• 聚焦单独的新服务项目：收集一个以往项目的合理样本并进行详细分析，包括成功的项目和失败的项目。这些分析可以为企业提供有价值的见解，帮助企业了解现有的开发操作中的优势和劣势。更详细地说，这里要求已经完成了项目的团队对其项目进行事后分析，就是说，分析每一个项目，并且首先集中创意到发布的各个开发阶段并制订出其中发生的活动。接着，仔细观察流程中的各个关键决策点——过关／淘汰决策是如何做出的、由谁做出、有哪些可用的信息（或者应该可以获得）、采用了哪些标准。

明确流程的步骤。企业可以将步骤1的许多发现和结论综合起来明确流程要求，同时，将其加入新流程的一系列参数和要求中并记录下来。这一文件可以这样开头：我们的新服务开发流程必须……

• 鼓励创意的出现，帮助将有创意的新服务推入市场中。

• 促进创意的完善或补充——让创意变得更具体。

• 向团队领导者提供清晰的制胜战术，概述开发流程中的各个阶段所需的活动类别。

- 采用一些基于事实的常见标准，推动做出客观的过关／淘汰的决策，在决策做出中实现一致性和连续性。
- 通过更好的聚焦、更有力的优先级排序和为项目配备更合适的人员，改进企业的资源分配。
- 明确步骤2的工作计划（设计该流程）。

最后的一个步骤是为下一阶段的工作制订详细的工作计划，即设计流程的各个要素。例如，如果企业没有有效的门径流程，那么它的制订工作就变成了工作计划的一个主要部分。

发起人和选择的使用者一致赞同。现在，流程的参数和建议的工作计划会被提交到高级管理层，以获得他们的一致认同并签字。这一"入口"意味着这个工作或审查阶段的结束和步骤2的开始（设计流程）。此时，企业会征询该流程最终使用者的意见。尽管企业可能很想举行一次员工大会，让每个参与过启动会议的人都对其参数和工作计划进行评审，但在这个时候，企业确实没有什么有兴趣的东西可以公之于众。在步骤2中，当企业拥有了流程的初稿时，它就可以将其呈现给使用者。

上述的任务并不容易，也不可能一夜之间就完成。然而，当这些任务完成也很好时，它们可以为设计和应用工作奠定卓越的基础。

管理者需要沉思的要点

在继续前进之前,企业确保花时间明确其新服务开发流程的要求。记住,了解问题是获得解决方法的第一个步骤。因此,多花一点额外时间,认真地将基础打好。在步骤1的定义阶段,企业需要考虑以下任务:

- 为这项工作组建任务团队。
- 明确必要的操作,寻求执行发起人或发起团队的一致意见。
- 召开启动会议——这会让更多的人参与其中,获取有用的意见。
- 进行彻底的文献回顾(不用重新发明轮子)。
- 与别的企业进行基准测试(要谨慎)。
- 对企业当前的开发操作进行全面的内部审查。
- 明确流程的参数和要求——有什么需要调整。
- 关于企业的流程参数和建议的行动计划,要获得发起人的一致同意。

步骤2:设计新服务开发流程中的关键活动

前期工作已经完成了,企业确定了目标以及理想的新服务开发流程有哪些要求——企业的流程应该是怎样的,还有要做哪些事。同时,高级管理层也对其认可。现在,是时候开始认真地设计流程了。

设计新服务的开发流程牵涉到很多工作,不仅仅只是草拟一个门径流程的图表。下面是其中的一些要素。

1.制订该流程。创建一个类似于图5.1的流程图,确定其中的各个阶段和入口。为各个阶段和入口贴上标签,标明阶段或入口所做的事或代表的含义,简要地描述每一个阶段和入口。

2.明确每一个阶段和入口的目的和精神。下面是某家企业对第1阶段的描述:

第1阶段的目的:第1阶段相当于开展一系列快速的、花费不高的活动,以此对创意有一个更清晰的理解,也就是说,为了确认哪些是最佳创意,企业要评估市场的潜力和技术可行性,确认可能的障碍物,确定未来工作的需求。这里的中心是进行专业的评估,并做出最好的猜测,即一刀切。这项工作往往是在数据有限的情况下,在一段很短的时间内进行的。第1阶段不会进行详细的评估和研究。此外,每个项目的第1阶段都不同,但是它的工作量大约是5~10个人的量,所需时间大概是一个月。

3.确定每个阶段的关键任务和行动,以及这些行动带来的可提交成果。企业可以在其中加入最佳操作,例如准确的早期项目定义、有力的市场和客户导向、可靠的前期工作等。对那些不确定的或者不熟悉的行动和可提交成果,企业可能希望为使用者制订指南、模版或者示例。一些企业也会明确各个阶段的责任,即谁会负责检查这些任务是否已经完成。

4.确定各个阶段的守门员、过关/淘汰和优先级排序的标准以及入口的产出,即接下去有什么事发生。图5.8和图5.9为入口3必须满足的(是/否)和应该满足的(评分的)标准提供了一个好的起点。早期的入口可以简单地采用其中一部分标准。例如,入口1可能只采用必须满足的标准,以此剔除不合适的创意,而入口2则可以采用必须满足的标准和一小部分应该满足的标准。入口3到入口5可以采用图5.9中完整的标准列表。

5.反映行动上和组织上的问题：团队结构和领导力，守门员的角色、责任和游戏规则，入口评审是如何进行的，奖励和认可，流程管理者的重要性和职责介绍。

6.确定其他周边但重要的问题：哪些是"在流程中"的项目，灵活性和快速跟进的项目；设计IT支持系统，跟踪项目，记录关键数据；改进创意的生成和获取方式；创建"开放的"创意库以及方便操作的创意处理系统；将流程与其他企业流程结合到一起，例如技术分配流程等。

7.处理第五章到第七章出现的一些问题和挑战，并做出决策：
- 在入口会议中，资源投入的决策是否牢固？
- 企业如何克服虚拟的准确度这一问题？
- 组合管理流程应该在哪个入口开始发挥作用？
- 企业应该如何合理地将财务分析的方法加入入口和入口标准中？
- 企业如何识别有问题的项目——使用危险信号的方法（见图6.7中的样本列表）？

一个重复进行的流程。设计流程是一项困难的任务。它无法一次性完成，需要持续的投入，同时，要不断回顾所做的决策。要进入这一困难的设计阶段，我们建议企业的任务团队可以预先留出一段时间，这样一来，团队成员就可以每隔两到四周定期举行一个为期两天的会议。这样，企业能聚焦工作，很多人也不会错过会议。我们建议两到四周的间距，是因为企业大概需要这样一段时间将两天的会议所得到的结论整合在一起，将其传播给团队成员，并与企业中的其他人分享，获得必要的反馈。此外，任务团队的小组会开展线下活动，这些活动常常需要几周才能完成。

发挥项目团队作用：清单

- 确保管理层的支持。
- 精心选择成员。
- 拥有有领导力的、受人尊敬的领导者，并对工作抱有热情。
- 发起人制订必要的事项并签字。
- 完成前期工作（步骤1，审计）。
- 明确流程的目标，签字支持工作计划。
- 为摆脱一些前提条件做出安排。
- 留出一段时间。
- 拥有外部的推动者或专家。
- 从使用者那里获取反馈。

要留意的一点是，到目前为止，最困难的一项工作不是在纸上设计有效的流程，而是让它落实下去。因此，流程的应用必须是步骤2，即设计阶段最重要的问题。事实是，对那些没有参与制订流程的人来说，他们总是会抵制它的应用。因此，这里的目标是在设计的过程中，尽可能多地邀请潜在使用者加入流程设计中。很明显，委员会有100个人是没有任何意义的，但是其中好处是可以从中获取反馈，在正式进入应用阶段之前，企业努力获得大家的支持。

案例：北方电力公司的任务团队设计新的门径流程时，它安排了一系列的两天会议，每隔四周举行一次。每一次会议都有一个推动者／外部的专家、具体的目标和日程表。在每一次会议结束后，有人将所有的材料收集起来，写成最新设计的门径流程的草稿，将其发送给每一位团队成员重点评审。此外，成员会制作一个幻灯片进行展示，并将其邮件传送给所有的团队成员，这样一来，他们可以向同事、下属和上级就该流程进行口头和视觉上的展示。

在下一次的会议中，成员们收集讨论关于展示的反馈和书面文件。任务团队会从一个设计的草稿转移到下一个，每一个都比之前的要好。但是最重要的是，一当新的门径流程向使用者们开放时，每一位使用者都已经见过它多次，同时，他们也有充足的机会提出批评和改进的建议。因此，与任务团队独自工作相比，这个方法的好处可能带来一个相对更好的流程。在这个时候，关键的获取支持的步骤已经开始了。

步骤2的流程具有重复性的。企业举行项目团队会议；制订相应的成果；这一成果会提交给潜在的使用者和高级管理层；寻求反馈；任务团队再次会面，综合反馈，继续设计流程。

上层管理是步骤2的一部分。在整个设计阶段，上层管理的参与都是十分关键的。执行发起人需要和任务团队保持紧密的关系，也要参与到多次会议中（尽管不需要完整的两天），与团队领导人一起审查每一次会议的结果。然而，上层管理者的角色不仅仅局限于发起团队的成员，他们必须在设计流程方面发挥积极的作用。

- 对企业来说，开发新服务战略需要获得高级管理层的意见、决策和批准。
- 另一个上层管理者的任务是他们会为参与的门径会议制订决策的标准。
- 同样的，上层管理者必须引导团队来制订入口处的比赛规则，或者至少需要他们的意见一致。

线下活动。在两天会议期间，仍然有许多进展中的工作。线下活动是任务团队明确的具体任务，由团队成员独立完成或者由一个小组完成。一些人数较多的任务团队会设立一些有领队的小组完成这些任务，例如：

- 调查并确定IT需求的小组。
- 制订适当文献的小组。
- 处理沟通并将新闻稿发给企业其他部门的沟通小组。
- 与执行发起人保持联系的小组。
- 与财务部门共同工作的小组，他们确定合理的财务模型、计算方法和表格等。

这里的要点是，有很多的工作需要完成，但不是所有的都能在这些两天的会议中完成。因此，企业需要在会议之间组织完成一些工作。

一个应用计划。步骤2的最后一步是为流程设计应用计划，这也是步骤3应用阶段所需要的。这一计划会处理以下的挑战：

- 将新的门径流程介绍给使用者，寻求各方面的支持（文件记录、事件、企业内的传媒）。
- 为团队和守门员提供培训。
- 用最开始的几个门径会议或阶段对一些项目进行检测。
- 将现有的项目引入流程中。
- 收集现有项目的所有数据，推动流程的运作。
- 为门径模型、流程和项目管理建立IT支持系统。
- 配备流程管理者。
- 明确采用的指标——新服务绩效的衡量标准（企业在新服务上做得怎样？）以及流程中各个部分的绩效衡量标准（这些入口运作良好吗？项目的优先级排序合理吗？）

步骤2的成果

在步骤2结束时，企业会获得两项成果：
- 设计的新服务开发流程。使用者和管理层都已经审查了流程，流程也满足了他们的需要和要求。
- 详细的应用计划。

这两项成果会呈现给发起团队来获得最终的批准，并且获得批准得到应用阶段所需的资源。假设该流程已经获得了一致的同意，接着进入步骤3应用阶段。

步骤3：流程的应用

流程的应用可能是最具挑战性的阶段。不幸的是，人们往往低估了这一挑战的难度。应用阶段的主要任务如下所述。

设立一个流程管理者。不管它的设计和概念多么优秀，没有一个流程可以将自身应用出来。至于任务团队，不管他们再怎么用心良苦，也有一系列应用不良的记录。他们可能在设计流程上完成地十分出色，但是一旦这个任务完成了，任务团队的成员们就转移注意力，没有全程见证流程的建立。为了防止这样的问题出现，企业需要安排一个人推动流程的启动，即流程管理者或流程维持者或门神。在理想的情况下，这个流程管理者出自任务团队，应该在应用阶段开始之前就指定好。其任务是确保该流程已经开始应用，并且各个步骤都已经确实执行。

确保高级管理层的支持。没有高级管理层的支持和全力投入，这个流程注定会失败。尽管高级管理层已经发起了该流程计划，尽管他们在纸上已签字并批准了该流程（步骤2），但是企业几乎在所有与我们合作过的企业中，仍然存在对流程的原则和方法的仍然质疑，他们一直不停地说，但是还没有怎么准备好去做。这里的困境是，高级管理层需要在原则上赞同一个门径流程的概念：它需要具备一定的原则，各个入口需要有一定的标准，各个阶段需要提供基于事实的信息，并且都是由一个新服务的战略推动的。但是，他们没有意识到的一点是，在行动上的最大改变必须从上级开始。有效的门径会议需要高级管理层做出相当大的改变，守门员的规则带来了一定的约束力，而这对于某些高级管理人员来说是全新的。所有的项目都必须经过同样的严格审查，甚至包括总经理的个人项目。

要确保高级管理层的支持，企业可以采取下面的方法：

• 首先，将高级管理层加入流程的设计中，例如，在步骤2的阶段确保加入高级管理层的会议，他们可以帮助设计入口，或者优先级的标准，甚至制订比赛的规则。

• 在应用阶段的早期，进行试点会议，例如有高级管理层参与的模拟门径会议。

• 提供守门员培训会议，高级管理人员不但可以了解流程，也可以知道预期的行动和比赛规则。

案例：当宾夕法尼亚能源公司推出门径流程时，管理层参与了相关的培训会议。两天的培训会议明确了流程的细节，制订了入口的标准（在他们的帮助下），概述了守门员的规则（获得他们的同意）。接着，企业采用了真实的企业案例进行了一次模拟的门径会议。这是一次有趣的也是富有成效的会议！

建立一个便于操作的文件系统。大多数新管理流程的文件系统都不太容易操作，它十分难读、过于冗长、也不太吸引人。所以，大多数这样的文件都没有人读。十分可惜，任务团队用心良苦并且花费了很多的精力和时间准备这项工作。我们的建议是，企业可以参考最近几年电脑软件程序的手册和指南。它们已经远不是80年代中期的陈旧之物，而是可以作为我们现在的范例。我们不是建议企业要制订一个读起来像《仿制品的新服务开发》一样的指南，而是可以从这一类型的指南中吸取一些建议。

处理这种文件的方法是制订不同详细程度的几个文件或者小册子。

手册：企业可以采用一个2~4页的四色手册，这个手册会概述流程的概念和目的。它看起来很像销售手册——就是要这样。第一印象很重要。在面对客户、联盟企业和外包合作商时，企业也可将这样的手册作为销售工具。它还清楚地显示了企业的新服务开发流程是怎样运作的。

指南/说明：一般来说，这是一个10~25页的指南书，它是流程的详细说明，例如各个阶段和入口的细节、优先级排序标准等。它还包括单独的附录，这个附录常常包括一些示例、图例和模板。这个指南是为新服务项目的领导人设计的，可作为推进项目的参考。

有的企业会对其流程指南的流通提供一定的限制（有编号的副本，就像ISO 9000的方法一样），有的企业完全没有印刷版的指南，整个流程都在服务器上或电脑里。电子版的指南具有方便操作和及时更新的优势。

进行内部的营销。本章的前面部分谈及，推出流程有点像开发并发布一项新的服务。因此，不要忘记营销和销售。下面是一些常见的营销和推广的方法。

• 召开"声明大会"来推出这项流程。这里的目标是让发起者或管理团队宣布该流程的生效时间。该任务团队要显示该流程的一些细节，介绍相关推广计划，例如培训、引入现有的项目等。

• 采用企业内部的沟通工具，例如企业简报、杂志或者邮件，使企业的其他成员了解任务团队的进展，这是一个非常值得推荐的操作。有时，在初始的启动会议和最终流程推出之间有很长的一段间隔，因此，企业应该考虑采用"新闻报道"的方式保持热度，而不是在推出时才开始宣传。企业也可以将任务团队中的某个人指定为"沟通管理员"。

提供培训。大多数企业在推出新的服务流程时，都低估了培训的重要性。这里存在的假设好像是"只要阅读相关的指南，门径流程的所有事务对于所有人来说都是显而易见的"。这是大错特错！首先，许多人不会阅读指南。其次，通过阅读来学习不是所有人都擅长的。再次，这个"门径流程的事务"可能比你想象地要复杂得多。最后，我们提到过寻求各方面的支持是一个关键的目标。如果员工们惧怕它或者不了解它，不管老板怎么大声强调，他们也不会采用新的事物。因此，企业需要采取预防措施，确保相关人员可以了解新流程的益处，完全了解它的运作。因此，培训十分必要。

企业可以考虑为不同的人群提供不同层次和类型的培训。

• 面对项目团队和领导者：一般来说，企业每次会为25~30名参与者举行一次1~2天的研讨会。研讨会包括讲座或"展示说明"会议，介绍该流程是如何运作的，通过真实的企业案例或参与模拟门径会议说明团队是如何工作的。

• 面对守门员（高级管理人员）：他们需要最多的培训，因为他们要做出最多的改变。遗憾的是，高层管理者总是十分忙碌，因此一般给他们安排一天的培训。

• 面对周边的参与者和资源提供者：即那些不属于项目团队但和新服务项目有所关联的人员（额外的人员，例如财务、法律或法规事务部门），提供一个较短的培训就可以帮助他们了解流程的本质。

将现有的项目加入流程中。首先，将所有要添加的项目汇总成列表。获取并更新每一个项目所需的数据，以此定义描述各个项目（名称、领导人、项目类型、市场等），估计在门径流程的哪个阶段可以加入该项目。

接下去的挑战是确保所有的项目都可以通过一次入口评审。要尽快地进行入口评审。注意，一些必要数据的有效性值得商榷。此外，某些阶段所需的数据，例如，上一个入口评审的项目评分，可能无法获得。因此，入口评审需要尽早完成。此时，有效的方法是建立一系列的"欢迎入口"，企业可以以此确保全部现有的项目都可以在新流程推出的前几个月通过至少一个入口。这些欢迎入口会比实际入口更温和，并且要求项目领导者预先声明项目处于流程中的哪个阶段，以及会在欢迎入口处提交怎样的成果。守门员们会明白，他们无法获得欢迎入口处的全部预期成果。在欢迎入口处，企业会做出一项决策，即下一个"真实的"入口会是什么以及什么时候，并且需要怎样的可提交成果。

另一个方法始于一些试点项目。一旦拥有了流程的骨架，企业在步骤2的时候就可以开始采用这个方法。选择一些项目领导者愿意配合的项目，对这些项目进行试点，以此测试门径流程的运作。这些应该是典型的项目，而且可能处于不同的阶段。企业通过门径流程启动这些项目，对其测试，特别是对入口标准和入口流程进行测试。同时，企业可以使用一些数量有限的项目对IT系统和数据库进行检测。

建立或购置IT支持系统。企业要考虑IT（信息技术）系统的多个层面，以此支持其流程的运作。现成的软件常常作为外壳，但是一般需要一些为其量身定制的程序或设置。下面是一些企业所采用的不同类型的IT支持系统。

• 可以用来储存所有重要数据和项目特征的数据库软件。这些信息对跟踪项目十分重要，可以评估其绩效。

• 可以显示组合图表的软件，例如饼状图、柱状图，特别是气泡图。

• 能够方便获取门径流程或整个流程的文档的软件，例如基于服务器的流程指南，包括超文本。

• 基于软件的工具：

— 筛选和评估工具，例如New-Prod 2000。

— 包括时间轴和甘特图的项目管理工具，例如微软开发的管理程序、Primavera或者Live NPD。

— 金融分析工具，例如电子表格和蒙特卡罗模拟方法。

— 经过调整的、格式化的项目财务分析电子表格（由财务部门提供）。

— 信息交换软件，可以用于团队成员之间的信息共享，或者远程团队对同一文件的处理，或者项目外的人员检查项目的进度。

— 促进创意提交、传播和提供反馈的软件。

— 支持入口的IT，例如无线的投票机器和基于电脑的会议推进软件。

建立指标。企业无法成功掌握还无法衡量的事物。要有效地管理流程，企业需要指标，或者绩效的衡量标准。我们之前提过两种类型的指标，流程后的指标和流程中的指标（见图6.4和图6.5）。指标应该在步骤2中设计好，并且成为应用计划的一部分。

管理层需要沉思的要点

到目前为止，最有难度的一个阶段是步骤3，应用流程。下面描述了企业应该在应用计划中完成的一些任务，它们可以为流程顺利开展铺平道路。

①设置流程管理者，即一个每天负责应用该流程的人员。
②寻求高级管理层的支持，确保高级管理者采取行动。
③建立便于操作的文件系统，例如手册或指南／说明。
④进行内部营销。企业在推出新概念时，要推广它。
⑤为项目团队成员、领导者、高级管理人员和资源提供者制订并提供培训。
⑥尽快地将项目加入流程中——不要让项目拖延下去。
⑦建立IT系统支持流程的运作。
⑧明确指标，以此衡量流程的运作情况以及新服务的情况。
⑨最后一个建议：阅读"流程设计和应用失败的十条教训"（见图8.2）。

设计和应用系统流程不是一件简单的任务。可是，新的服务却是企业的未来。也就是说，企业如何管理其新服务的资源即预示着企业在未来几年会怎样发展。因此，在这方面，企业要额外地努力。

和项目团队一起合作。虽然培训课程结束了，但是也不要让项目团队自己琢磨。当团队将其项目加入流程中并且准备前几次入口会议时，他们需要完成很多的工作。因此，要培训这些团队，帮助他们通过这一充满挑战的时期。通常，流程管理者会扮演培训师的角色，和项目团队一起合

作，确保这些项目按照预定的时间进展，并且处于良好的状态。

---

①企业在真空环境中设计流程，认为自己已经了解了最好的方法，项目团队纯属浪费时间！

②不做任何前期工作或审计（步骤1），认为自己已经知道企业有什么问题，可以直接得出结论。

③不用费力研究其他企业的方法、模型、表格、标准或评分模型等，觉得没有什么可以借鉴的。

④如果企业建立了项目团队，私下和他们见面，接着呈现"伟大设计"并且假设企业的每个人都会称赞它，尽管他们并没有实际参与到设计中。

⑤不寻求外界的帮助，只是看了书并根据一般的模型设计了流程。认为这是小菜一碟！如果企业寻求帮助，雇用了一位再建工程的咨询师，而他对新服务和产品的管理一无所知。

⑥在任务团队设计流程时，不用浪费时间进行测试并寻求企业中其他人员的反馈。毕竟，你是任务团队的成员，这些"局外人"知道什么？任务团队"流程设计"是近乎完美的！

⑦当其他人提出问题或批评意见时，把这些人当作"愤世嫉俗者"或者"消极的思考者"。拒绝处理这些反对的意见，并且永远不对流程进行修改。

⑧不提供培训。这些"流程管理的玩意儿"都是显而易见的。任何人都可以通过阅读使用说明来完成它。

⑨谈到使用说明，要确保这个流程指南足够厚并且有很多检查表。如果存在疑问的话，就让它压倒读者和使用者。

⑩不必费力设置流程经理。该流程如此优秀，它可以将自身应用出来。

图8.2 流程设计和应用失败的十条教训——基于一些真实企业的经验

一个流程的应用牵涉很多的工作，这个过程中也充满了陷阱（图8.2"流程设计和应用失败的十条教训"是我们半开玩笑式的禁忌列表）。我们可以谈论这些警告和注意事项，但是要明白其中的要点。在企业继续前进之前，要仔细地全面思考新流程的设计和应用，全心致力于成功的设计和应用。无论如何，企业都要继续前进，因为什么都不做的代价实在是太大了。

在新服务上取得成功

在新服务上大获成功有两个方法：开展正确的项目和正确处理项目。这也是本书谈论的内容。新服务是企业战略的前沿。企业目前做出的决策会影响到它未来的新服务以及它的市场地位。管理层的一个挑战是创建有效的流程，这个流程可以真正提高企业取得制胜的新服务的能力。

要成功开发新服务，其中一个重要的组成部分就是流程。流程可以为企业提供路线图，帮助企业及时有效地完成从创意到发布阶段的项目。在本书中，我们介绍了制胜策略，即门径流程，它可以为企业提供这样的一个路线图。门径流程是精心设计的并且被成功运用的开发流程，它提供了一定的约束性，着重执行的质量，包括了前期的工作，具有有力的市场导向，并且有适当的资源支持。创新是如此重要，企业不能不予以理会。一个制胜的新服务开发流程是通往成功的首要步骤！